GUERRA FRIA
Uma breve introdução

ROBERT J. McMAHON

GUERRA FRIA
Uma breve introdução

Tradução de ROSAURA EICHENBERG

L&PM/ENCYCLOPÆDIA

Texto de acordo com a nova ortografia.
Título original: *The Cold War: A Very Short Introduction*
Este livro foi publicado na Coleção **L&PM** POCKET em 2012

Tradução: Rosaura Eichenberg
Capa: Ivan Pinheiro Machado.
Preparação: Elisângela Rosa dos Santos
Revisão: Simone Borges

CIP-Brasil. Catalogação na Fonte
Sindicato Nacional dos Editores de Livros, RJ

M118g

McMahon, Robert
  Guerra Fria / Robert J. McMahon; tradução de Rosaura Eichenberg. –
Porto Alegre, RS: L&PM, 2023.
  248p. : il. ; 20 cm

  Tradução de: *The Cold War: A Very Short Introduction*
  Apêndice
  Inclui bibliografia
  ISBN 978-65-5666-380-7

  1. Guerra Fria. 2. Política internacional - 1945-1989. 3. Capitalismo.
4. Comunismo. I. Título.

12-3556.   CDD: 909.825
                                   CDU: 94(100)"1945/1989"

© Robert J. McMahon, 2003
***Guerra Fria* foi originalmente publicado em inglês em 2003.
Esta tradução é publicada conforme acordo com a Oxford University
Press.**

Todos os direitos desta edição reservados a L&PM Editores
Rua Comendador Coruja, 314, loja 9 – Floresta – 90.220-180
Porto Alegre – RS – Brasil / Fone: 51.3225.5777

Pedidos & Depto. comercial: vendas@lpm.com.br
Fale conosco: info@lpm.com.br
www.lpm.com.br

Impresso no Brasil
Inverno de 2023

Sumário

Prefácio 7

Capítulo 1
A Segunda Guerra Mundial e a destruição
da antiga ordem 9

Capítulo 2
As origens da Guerra Fria na Europa: 1945-1950 29

Capítulo 3
Rumo à "Guerra Quente" na Ásia: 1945-1950 54

Capítulo 4
Uma Guerra Fria global: 1950-1958 80

Capítulo 5
Do confronto à détente: 1958-1968 110

Capítulo 6
Guerras Frias dentro de cada país 143

Capítulo 7
Ascensão e queda da détente das
superpotências: 1968-1979 166

Capítulo 8
A etapa final: 1980-1990 194

Leituras complementares 229

Índice remissivo 236

Lista de ilustrações 245

Lista de mapas 247

Prefácio

Escrever uma história compacta do conflito que dominou e em grande parte definiu as relações internacionais por quase meio século revelou-se uma tarefa ao mesmo tempo desafiadora, emocionante e destemida. Existem monografias detalhadas, muitas delas excelentes e bem mais longas do que o presente volume, para praticamente cada um dos principais acontecimentos, crises, tendências e personalidades discutidos neste livro necessariamente fino. Além disso, debates eruditos vigorosos e muitas vezes vituperadores clamaram com fúria sobre quase todos os aspectos da história da Guerra Fria. Esses debates têm sido avivados e aprofundados em anos recentes com a divulgação de evidências documentais antes secretas dos arquivos dos Estados Unidos, da Rússia, da Europa Oriental, da China e de outros lugares – e pelas novas perspectivas proporcionadas pela passagem do tempo. Consequentemente, este livro não pretende – nem poderia – ser a última palavra sobre a Guerra Fria ou representar uma abordagem que chegue perto de uma história abrangente desse conflito complexo e multifacetado.

Observando os objetivos gerais da presente série, minha meta foi fornecer um amplo panorama interpretativo, acessível tanto aos estudantes quanto aos leitores em geral. Este livro oferece um relato geral da Guerra Fria, compreendendo o período desde 1945 até o desfecho final do confronto soviético-americano em 1990. Elucida acontecimentos, tendências e temas de importância capital, recorrendo, para tanto, a alguns dos estudos recentes mais importantes sobre a Guerra Fria. Procurei, acima de tudo, dar aos leitores um fundamento essencial para compreender e avaliar um dos acontecimentos seminais na história do mundo moderno. Inevitavelmente, tive de fazer escolhas difíceis em termos do que relatar, e do que omitir, sobre um conflito que abrangeu quatro décadas e meia e abarcou quase o globo inteiro. As limitações de espaço impediram o tratamento de alguns episódios significativos e impuseram o tratamento mais abreviado possível de outros. Decidi também dar pouca atenção às dimensões militares da Guerra Fria, em parte porque outros volumes desta série serão dedicados às guerras da Coreia e do Vietnã. O que se segue é, portanto, uma breve introdução à Guerra Fria, escrita a partir de uma perspectiva internacional e de um ângulo de visão pós-Guerra Fria. As principais questões-chave abordadas pela narrativa incluem: como, quando e por que a Guerra Fria começou? Por que se arrastou por tanto tempo? Por que passou de suas origens iniciais na Europa pós-guerra a abranger quase o mundo todo? Por que terminou tão repentina e inesperadamente? E que impacto teve?

Sou grato a Robert Zieger, Lawrence Freedman e Melvyn Leffler, cada um dos quais leu o manuscrito e deu sugestões valiosas para o seu aperfeiçoamento. Agradeço também a Rebecca O'Connor pelo estímulo, conselho e apoio durante todo o empreendimento, além de toda a equipe editorial da Oxford University Press, que tornou o trabalho neste livro um prazer.

Capítulo 1

A Segunda Guerra Mundial e a destruição da antiga ordem

As explicações para o início da Guerra Fria devem começar com a Segunda Guerra Mundial. Conflito que se classifica, por qualquer medida concebível, como o mais destrutivo da história humana, a Segunda Guerra Mundial gerou níveis inigualáveis de morte, devastação, privação e desordem.

"A conflagração de 1939-1945 foi tão diaceradora, tão profunda, que um mundo foi derrubado", nota o historiador Thomas G. Paterson, "não simplesmente um mundo humano de trabalhadores, agricultores, negociantes, financistas e intelectuais sadios e produtivos, não simplesmente um mundo seguro de famílias e comunidades unidas, não simplesmente um mundo militar de tropas de assalto nazistas e camicases japoneses, mas tudo isso e muito mais." Ao desestabilizar também "o mundo da política estável, da sabedoria herdada, das tradições, instituições, alianças, lealdades, comércio e classes", a guerra criou as condições que tornaram altamente provável, se não inevitável, o conflito das grandes potências.

Um mundo derrubado

Aproximadamente 60 milhões de pessoas perderam a vida como resultado direto da guerra, e ao menos dois terços delas não eram combatentes. Os derrotados na guerra, os Estados do Eixo – Alemanha, Japão e Itália –, sofreram mais de 3 milhões de mortes civis; seus conquistadores, os Aliados, sofreram muito mais: ao menos 35 milhões de mortes civis. Pereceram espantosos 10 a 20% das populações totais da União Soviética, Polônia e Iugoslávia e entre 4 e 6% das populações totais da Alemanha, Itália, Áustria, Hungria, Japão e China. Se o número exato de vítimas dessa conflagração mundial dilaceradora continua a desafiar todos os esforços para se chegar a uma estatística precisa, a magnitude das perdas humanas que exigiu permanece sem dúvida tão chocantemente inescrutável duas gerações depois da Segunda Guerra Mundial quanto o era nos primeiros anos após o conflito.

Ao final da guerra, grande parte do continente europeu estava em ruínas. O primeiro-ministro britânico Winston S. Churchill, em sua prosa caracteristicamente vívida, descreveu a Europa pós-guerra como "um monte de entulho, um ossuário, um terreno fértil para a pestilência e o ódio". O presidente estado-unidense Harry S. Truman, num discurso de rádio, descreveu as cidades alemãs destruídas por que passou no verão de 1945 como lugares onde "mulheres, crianças e velhos perambulavam pelas rodovias, voltando a lares que haviam sido bombardeados, ou abandonando cidades bombardeadas, em busca de comida e abrigo". Berlim era "uma terra completamente devastada", observou o correspondente William Shirer, "acho que jamais houve uma destruição em tal escala". De fato, muitas das maiores cidades da Europa Central e Oriental sofreram níveis comparáveis de devastação; 90% das edificações em Colônia, Düsseldorf e Hamburgo foram destruídas pelos bombardeios dos Aliados, assim como 70% das existentes no centro de Viena. Em

Varsóvia, relatou John Hershey, os alemães "tinham destruído, sistematicamente, rua por rua, beco por beco, casa por casa. Nada restou senão um arremedo de arquitetura". O embaixador dos Estados Unidos Arthur Bliss Lane, depois de entrar, em julho de 1945, naquela cidade destroçada pela guerra, escreveu: "O odor enjoativamente doce de carne humana queimada era um aviso sombrio de que estávamos entrando numa cidade de mortos". Na França, ao menos um quinto dos edifícios foi danificado ou destruído; na Grécia, um quarto. Até a jamais ocupada Grã-Bretanha sofreu danos extensos, sobretudo com os bombardeios nazistas, enquanto perdia aproximadamente um quarto do total de sua riqueza nacional ao longo do conflito. As perdas soviéticas foram as mais graves de todas: pelo menos 25 milhões de mortos, outros 25 milhões de desabrigados, 6 milhões de edifícios destruídos e grande parte do parque industrial e da terra agrícola devastada. Por toda a Europa, ao menos 50 milhões dos sobreviventes haviam sido arrancados de seus lugares de origem pela guerra, uns 16 milhões deles denominados eufemisticamente "pessoas deslocadas" pelos vitoriosos Aliados.

As condições na Ásia do pós-guerra eram quase tão sombrias. Praticamente todas as cidades do Japão haviam sido destroçadas pelos bombardeios implacáveis dos Estados Unidos, com 40% de suas áreas urbanas tendo sido completamente destruídas. Tóquio, a maior metrópole do Japão, foi destruída pelas bombas incendiárias dos Aliados, que derrubaram mais da metade de seus edifícios. Hiroshima e Nagasaki tiveram destino ainda mais terrível quando as duas explosões atômicas que puseram fim à Guerra do Pacífico acabaram com as duas cidades. Aproximadamente 9 milhões de japoneses estavam desabrigados quando seus líderes finalmente se renderam. Na China, um campo de batalha por mais de uma década, o parque industrial da Manchúria estava em ruínas, e a rica terra agrícola do Rio Amarelo, tragada por inundações. Cerca de 4 milhões de indonésios morreram como resultado direto ou indireto do conflito. Um milhão de indianos sucumbiram à fome causada pela guerra em 1943, mais um milhão de pessoas na Indochina dois anos mais tarde. Embora grande parte do Sudeste Asiático tenha sido poupada dos horrores diretos da guerra que recaíram sobre o Japão, a China e várias ilhas do Pacífico, outras regiões, como as Filipinas e a Birmânia, não tiveram tanta sorte. Durante a fase final da guerra, 80% dos edifícios de Manila foram arrasados numa luta selvagem. Um combate igualmente brutal na Birmânia, segundo o testemunho do líder político durante a guerra, Ba Maw, "reduziu uma enorme parte do país a ruínas".

A enorme trilha de morte e destruição precipitada pela guerra deixou em ruínas não só grande parte da Europa e da Ásia, mas também a antiga ordem internacional. "Toda a estrutura e toda a ordem mundial que tínhamos herdado do século XIX desapareceram", admirava-se o assistente do secretário de Estado dos Estados Unidos Dean Acheson. Na verdade, o sistema internacional eurocêntrico que havia dominado as relações mundiais nos 500 anos anteriores desaparecera virtualmente da noite para o dia. Dois gigantes militares do tamanho de um continente – já sendo apelidados de superpotências – haviam surgido em seu lugar, cada um querendo forjar uma nova ordem de acordo com suas necessidades e seus valores. Quando a guerra entrou na fase final, até o observador mais casual da política mun-

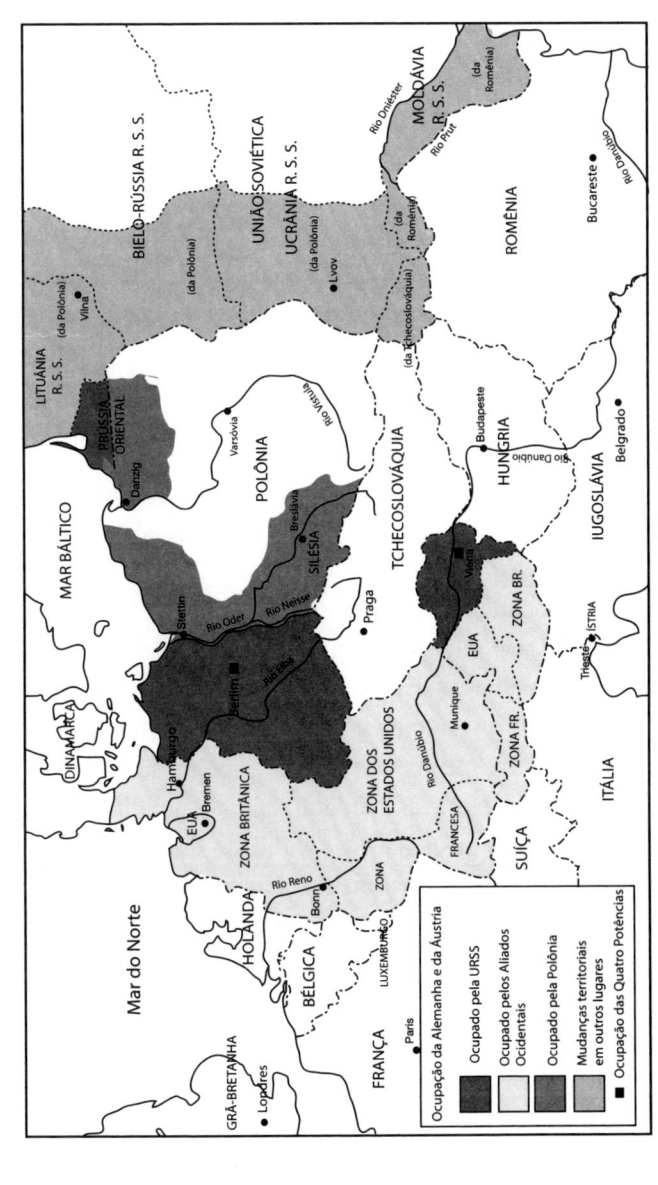

Mapa I. Europa Central depois da Segunda Guerra Mundial.

dial podia ver que os Estados Unidos e a União Soviética detinham a maioria dos trunfos militares, econômicos e diplomáticos. Quanto a um objetivo básico, esses adversários transformados em aliados estavam essencialmente de acordo: alguma aparência de autoridade e estabilidade precisava ser restaurada com rapidez – e não apenas para aquelas áreas diretamente afetadas pela guerra, mas também para o sistema internacional mais amplo. A tarefa era tão urgente quanto destemida, como alertou o subsecretário de Estado norte-americano Joseph Grew em junho de 1945: "A anarquia pode vir a ser o resultado da desgraça econômica e da inquietação política de agora".

As raízes imediatas da Guerra Fria, ao menos em termos estruturais amplos, estavam na intersecção entre um mundo prostrado por um conflito global devastador e as receitas conflitantes de ordem internacional que Washington e Moscou procuravam impor a esse mundo influenciável e despedaçado pela guerra. Sempre que uma ordem internacional predominante e seu sistema de equilíbrio de poderes são derrubados, o resultado é invariavelmente algum grau de conflito. Nada menos seria de se esperar quando essa derrubada ocorre tão avassaladoramente de uma hora para outra. A tensão, a suspeita e a rivalidade que passaram a atormentar as relações dos Estados Unidos e da União Soviética nos primeiros anos do pós-guerra não eram, nesse sentido elementar, uma surpresa. Mas o *grau* e o *alcance* do conflito resultante, e particularmente a sua *duração*, não podem ser explicados apelando-se tão somente a forças estruturais. A história, afinal, oferece vários exemplos de grandes potências trilhando o caminho do compromisso e da cooperação, optando por agir de comum acordo de modo a estabelecer uma ordem internacional mutuamente aceitável, capaz de satisfazer os interesses mais fundamentais de cada uma. Os estudiosos têm empregado o termo "condomínio de grandes potências" para descrever esses sistemas. Entretanto, apesar das esperanças de alguns líderes do mundo oficial tanto dos Estados Unidos quanto da União Soviética, não seria esse o caso dessa vez. As razões para isso estão no âmago da origem da Guerra Fria. Em suma, foram as aspirações, as necessidades, as histórias, as instituições de governo e as ideologias divergentes dos Estados Unidos e da União Soviética que transformaram as tensões inevitáveis no confronto épico de quatro décadas que chamamos de Guerra Fria.

Visões americanas da ordem pós-guerra

Os Estados Unidos emergiram do naufrágio da Segunda Guerra Mundial com perdas relativamente moderadas. Embora cerca de 400.000 soldados e marinheiros da nação tivessem dado sua vida na luta contra as potências do Eixo, aproximadamente três quartos deles no campo de batalha, cabe enfatizar que esses números representam menos de 1% da soma total de mortos na guerra e menos de 2% das perdas sofridas pelo parceiro soviético dos Estados Unidos. Para a maioria dos civis americanos, num contraste assombroso com seus congêneres na Europa, na Ásia Oriental, na África do Norte e em outros lugares, a guerra não significou sofrimento e privação, mas prosperidade – até mesmo abundância. O produto interno bruto da nação dobrou entre 1941 e 1945, propiciando as maravilhas de uma economia de pleno emprego altamente produtiva a cidadãos que estavam acostumados às privações impostas por uma década de depressão. Os salários reais elevaram-se rápida e dramaticamente durante os anos da guerra, e os americanos do front doméstico viram-se inundados numa cornucópia de bens de consumo agora acessíveis ao seu poder de compra. "O povo americano", observou o diretor do Departamento de Mobilização e Reconversão de Guerra, "está na agradável situação de ter de aprender a viver de um modo 50% melhor do que jamais experimentara antes."

Em agosto de 1945, o recém-empossado presidente Harry S. Truman afirmava algo evidente quando comentou: "Saímos desta guerra como a nação mais poderosa do mundo – talvez a nação mais poderosa de toda a história". Todavia, nem os benefícios econômicos conferidos ao povo americano pela guerra, nem o poder militar, a força produtiva e o prestígio internacional nas alturas, alcançados pela nação durante a luta contra a agressão do Eixo, podiam diminuir as incertezas assustadoras do novo mundo introduzido pela guerra. O ataque japonês a Pearl Harbor despedaçou definitivamente a ilusão de invulnerabilidade que os americanos tinham desfrutado desde o fim das Guerras Napoleônicas do início do século XIX. A obsessão pela segurança nacional, que se tornou um tema tão central da política externa e de segurança durante toda a era da Guerra Fria, tem sua origem nos acontecimentos desmistificadores dessa ilusão que culminaram no ataque japonês de 7 de dezembro de 1941. Somente com os ataques terroristas a Nova York e a Washington, 60 anos mais tarde, é que os americanos experimentariam de novo uma agressão tão direta, e tão inteiramente inesperada, à sua terra natal.

Os estrategistas militares aprenderam várias lições com o ousado ataque japonês, cada uma das quais com profundas implicações para o futuro. Convenceram-se primeiro de que a tecnologia, e especialmente o poder aéreo, havia encolhido o globo de tal forma que a propalada barreira de dois oceanos da América já não propiciava proteção suficiente contra ataques externos. A verdadeira segurança requeria então uma defesa que começava bem além das praias nacionais – uma defesa em profundidade, no jargão militar. Esse conceito fez as autoridades da defesa das administrações Roosevelt e Truman advogarem o estabelecimento de uma rede global integrada das bases aéreas e navais controladas pelos Estados Unidos, bem como a negociação de direitos de amplo trânsito aéreo militar. Juntas, essas duas medidas permitiriam que os Estados Unidos estendessem seu poder com mais facilidade a lugares potencialmente problemáticos e sufocassem ou impedissem futuros inimigos muito antes que eles obtivessem o poder de atacar o território americano. Uma ideia da extensão dos requisitos das bases militares dos Estados Unidos pode ser colhida de uma lista de sítios "essenciais" compilada pelo Departamento de Estado em 1946; incluía, entre outros locais, a Birmânia, o Canadá, as Ilhas Fiji, a Nova Zelândia, Cuba, a Groenlândia, o Equador, o Marrocos francês, o Senegal, a Islândia, a Libéria, o Panamá, o Peru e os Açores.

Em segundo lugar, e ainda mais amplamente, os estrategistas americanos seniores determinaram que não se deveria permitir nunca mais a atrofia do poder militar. A força militar dos Estados Unidos, concordavam, devia formar um elemento essencial da nova ordem mundial. As administrações Roosevelt e Truman insistiram, por essa razão, em manter a primazia das forças navais e aéreas; uma forte presença militar no Pacífico; o domínio do hemisfério ocidental; um papel central nas ocupações dos países adversários derrotados, Itália, Alemanha, Áustria e Japão; além de um continuado monopólio da bomba atômica. Mesmo antes da deflagração da Guerra Fria, os planejadores estratégicos dos Estados Unidos operavam com base num conceito extraordinariamente expansivo de segurança nacional. Essa visão ampla dos requisitos de segurança da nação foi reforçada por uma terceira lição global que os formuladores de políticas aprenderam com a experiência da Segunda Guerra Mundial: nunca mais se poderia permitir que um Estado hostil, ou uma coalizão de Estados, ganhasse controle preponderante sobre as populações, os territórios e recursos da Europa e da Ásia Oriental. As terras centrais eurasianas, como os geopolíticos gostavam de chamá-las, figuravam como o maior troféu estratégico-econômico mundial; sua combinação de ricos recursos naturais, infraestrutura industrial avançada, mão de obra qualificada e instalações militares sofisticadas tornava-as o fulcro do poder mundial, como os acontecimentos de 1940-1941 deixaram dolorosamente claro. Quando assumiram o controle sobre grande parte da Eurásia no início da década de 40, as potências do Eixo conseguiram os meios para travar a guerra prolongada, subverter a economia mundial, cometer crimes hediondos contra a humanidade, além de ameaçar e finalmente atacar o hemisfério ocidental. Se tal eventualidade viesse a acontecer de novo, preocupavam-se as autoridades da defesa dos Estados Unidos, o sistema internacional seria mais uma vez gravemente desestabilizado, o equilíbrio do poder mundial perigosamente distorcido e a segurança física dos Estados Unidos submetida a graves riscos. Além disso, mesmo que um ataque direto aos Estados Unidos pudesse ser evitado, os líderes americanos ainda seriam forçados a se preparar para esse ataque – e isso significaria um aumento radical tanto nos gastos militares quanto no tamanho de sua estrutura de defesa permanente, uma reconfiguração da economia interna e a diminuição das estimadas liberdades política e econômica no país. Em suma, o domínio do Eixo sobre a Eurásia, ou o controle sobre a Eurásia por qualquer outro inimigo, colocaria em risco a economia política de liberdade tão crucial para as crenças e os valores essenciais dos Estados Unidos. A experiência da Segunda Guerra Mundial forneceu, portanto, lições duras sobre a importância crucial de manter um equilíbrio favorável de poder na Eurásia.

As dimensões militar-estratégicas da ordem mundial eram, segundo o pensamento americano, inseparáveis das dimensões econômicas. Os planejadores americanos viam o estabelecimento de um sistema econômico internacional mais livre e mais aberto como igualmente indispensável para a nova ordem que estavam determinados a construir a partir das cinzas do conflito mais terrível da história. A experiência já lhes tinha ensinado, lembrava o secretário de Estado Cordell Hull, que o livre comércio era um pré-requisito essencial para a paz. A autarquia, os blocos comerciais fechados e as barreiras nacionalistas ao investimento estrangeiro e à convertibilidade da moeda, que haviam caracterizado a década da depressão, só encorajavam a rivalidade e o conflito entre os Estados. Um mundo mais aberto, segundo a fórmula americana, seria um mundo mais próspero; e um mundo mais próspero seria, por sua vez, um mundo mais estável e pacífico. Para atingir esses objetivos, os Estados Unidos fizeram muita pressão, nos conselhos diplomáticos durante a guerra, por um regime econômico multilateral e liberalizado de comércio, oportunidades de investimento iguais para todas as nações, taxas de câmbio estáveis e plena convertibilidade da moeda. Na conferência de Bretton Woods, no final de 1944, os Estados Unidos obtiveram a aceitação geral desses princípios, junto com o apoio para o estabelecimento de órgãos-chave supranacionais, o Fundo Monetário Internacional e o Banco Internacional para Reconstrução e Desenvolvimento (Banco Mundial), encarregados de estabilizar a economia global. Era fato que os Estados Unidos, a principal nação capitalista do mundo e um país que estava produzindo assombrosos 50% dos bens e serviços do planeta ao final da guerra, seriam certamente beneficiados com o novo regime comercial multilateral, tão vigorosamente endossado pelas administrações Roosevelt e Truman e pela comunidade empresarial americana. Nesse ponto, os ideais americanos estavam inextricavelmente entrelaçados com os interesses americanos.

Em um editorial de dezembro de 1944, o *Chicago Tribune* captou o entusiasmo e a autoconfiança da sociedade americana ao proclamar orgulhosamente que ela era "a boa fortuna do mundo", e não apenas os Estados Unidos, que "poder e intenções inquestionáveis" agora "andavam juntos" na Grande República americana. Tais convicções sobre o destino justiceiro desse país tiravam sua seiva de raízes profundas da história e da cultura americanas. Tanto as elites quanto as não elites aceitavam a ideia de que era uma responsabilidade histórica do país criar um novo mundo mais pacífico, próspero e estável. Os líderes americanos revelavam poucas dúvidas sobre a capacidade de sua nação realizar uma transição tão relevante; tampouco reconheciam qualquer conflito potencial entre a ordem global que procuravam forjar e as necessidades e os interesses do restante da humanidade. Com a insolência de um povo que tinha conhecido poucos fracassos, os americanos acreditavam que poderiam, nas palavras apuradas de Dean Acheson, "apoderar-se da história e obrigá-la a se dobrar". Avultava apenas um obstáculo significativo. A União Soviética, advertia a revista *Life* em julho de 1945, "é o problema número um dos americanos, porque é o único país no mundo com o poder dinâmico de desafiar nossas concepções de verdade, justiça e ideal de vida".

Visões soviéticas da ordem pós-guerra

O projeto soviético para a ordem pós-guerra também nasceu de medos de segurança profundamente enraizados. Como no caso americano, esses medos eram refratados pelos filtros da história, da cultura e da ideologia. As lembranças soviéticas do ataque surpresa de Hitler em junho de 1941 eram tão vívidas quanto as lembranças americanas de Pearl Harbor e muito mais aterrorizadoras. Não poderia ser diferente num país que tinha sofrido perdas tão tremendas. Das quinze Repúblicas Soviéticas, nove haviam sido ocupadas integral ou parcialmente pelos alemães. Quase nenhum cidadão soviético passou incólume por aquilo que vieram a santificar como A Grande Guerra Patriótica. Quase todas as famílias perderam um ente querido; a maioria sacrificou vários. Além das milhões de vidas humanas abreviadas pelo conflito, foram demolidas 1.700 cidades grandes e médias, mais de 70.000 vilas e povoados e 31.000 fábricas. Leningrado, a cidade mais histórica do país, foi dizimada num prolongado sítio que exigiu sozinho o sacrifício de um milhão de vidas. A invasão alemã também causou estragos na base agrícola da nação, destruindo milhões de acres de safras e resultando na matança de dezenas de milhões de cabeças de gado, porcos, ovelhas, bodes e cavalos. Lembranças cáusticas do ataque e da ocupação alemães misturaram-se com outras lembranças mais antigas – da invasão alemã durante a Primeira Guerra Mundial, da intervenção dos Aliados durante a guerra civil russa, da tentativa de conquista da Rússia por Napoleão no início do século anterior – até induzir na liderança soviética uma verdadeira obsessão por assegurar a proteção de sua terra natal contra futuras violações territoriais. A extensão geográfica da União Soviética, uma nação que cobria um sexto da massa terrestre e era três vezes maior que os Estados Unidos, tornava o desafio de uma defesa nacional adequada especialmente agudo. Suas duas regiões mais economicamente vitais, a Rússia europeia e a Sibéria, ficavam nos extremos do país; e cada uma tinha se mostrado altamente vulnerável a ataques no passado recente. A primeira defrontava com o infame corredor polonês, a rota de invasão pela qual as tropas de Napoleão, do Kaiser e de Hitler haviam entrado aos borbotões no passado. A segunda havia sido vítima da agressão japonesa duas vezes nos últimos 25 anos; além disso, a Sibéria partilhava uma imensa faixa de fronteira com a China, um vizinho instável ainda se debatendo com o sofrimento da sublevação revolucionária. Não havia vizinhos amistosos como o México e o Canadá, nem as barreiras de dois oceanos para facilitar a tarefa dos planejadores da defesa soviética.

A necessidade esmagadora de defender as terras soviéticas estava no centro de todos os desígnios do Kremlin para o mundo pós-guerra. Bloquear a rota de invasão polonesa, ou o "portão", era a prioridade máxima nesse sentido. A Polônia, enfatizava Stalin, era "uma questão de vida ou morte" para o seu país. "Ao longo de 25 anos, os alemães tinham invadido a Rússia duas vezes via Polônia", foi a preleção do governante soviético Joseph Stalin ao enviado americano Harry Hopkins em maio de 1945. "Nem o povo britânico, nem o americano tinham experimentado essas invasões alemãs que eram difíceis de suportar... Portanto, é de interesse vital para a Rússia que a Polônia seja forte e amistosa." Convencido de que os alemães rapidamente se recuperariam e ameaçariam mais uma vez a União Soviética, Stalin considerava obrigatório que se tomassem medidas, enquanto o mundo ainda era maleável, para assegurar as futuras necessidades de segurança soviéticas. Essas medidas requeriam, no mínimo, que obedientes governos pró-soviéticos fossem instalados na Polônia e em outros Estados-chave da Europa Oriental; que as fronteiras soviéticas fossem expandidas até o máximo de sua extensão pré-revolucionária – o que significava a anexação permanente dos Estados bálticos e da região oriental da Polônia pré-guerra; que a Alemanha fosse tolhida por meio de um duro regime de ocupação, desindustrialização sistemática e enormes reparações de guerra. As reparações alemãs também contribuiriam para o grande trabalho de reconstrução que a União Soviética tinha diante de si para se refazer dos estragos da guerra.

Mas esses planos, por serem baseados na antiga fórmula segurança-pela-expansão, precisavam ser equilibrados em relação ao desejo contraposto de manter a estrutura de cooperação com os Estados Unidos e a Grã-Bretanha que havia se desenvolvido, ainda que imperfeitamente, durante os anos de guerra. O interesse do Kremlin em sustentar a parceria da Grande Aliança forjada no auge da guerra total não se baseava em sentimentos, os quais não tinham lugar na diplomacia soviética, mas num conjunto de considerações totalmente práticas. Primeiro, os governantes soviéticos reconheciam que uma ruptura manifesta com o Ocidente precisava ser evitada, ao menos no futuro próximo. Dadas as perdas danosas de potencial humano, recursos e parques industriais infligidas à sua nação pela guerra, um conflito prematuro com os Estados Unidos e a Grã-Bretanha deixaria os soviéticos em grande desvantagem, uma desvantagem que se fez ainda mais palpável depois da demonstração do poderio atômico americano em agosto de 1945. Segundo, Stalin e seus principais assessores tinham esperanças de que os Estados Unidos pudessem ser induzidos a cumprir sua promessa de apoio financeiro generoso ao esforço soviético de reconstrução. Uma política de expansão territorial desenfreada provavelmente se revelaria contraproducente, porque poderia precipitar a dissolução da aliança forjada durante a guerra e a consequente suspensão da assistência econômica, o que eles procuravam prevenir.

Finalmente, os soviéticos aspiravam a ser tratados como uma grande potência respeitada e responsável depois de serem evitados como um Estado pária por tanto tempo. Ansiavam, um tanto paradoxalmente, pelo respeito dos mesmos Estados capitalistas que suas convicções ideológicas diziam-lhes para abominar. Os russos não queriam apenas respeito, é claro; insistiam em ter voz igual nos conselhos internacionais e na aceitação da legitimidade de seus interesses. Ainda mais precisamente, procuravam o reconhecimento ocidental formal de suas fronteiras expandidas e a aceitação, ou ao menos a aquiescência, quanto à sua emergente esfera de influência na Europa Oriental. Todas essas considerações serviam como freios para quaisquer inclinações imprudentes a apoderar-se de todo território que o poder de fogo do Exército Vermelho permitisse invadir.

O fato de que um dos governantes mais brutais, cruéis e suspeitos da história presidiu sobre o delicado equilíbrio da União Soviética nessa conjuntura crítica acrescenta um inevitável elemento pessoal à história das ambições pós-guerra de Moscou. O imperioso Stalin dominou completamente a política soviética antes, durante e depois da guerra, sem tolerar dissensões. Nas lembranças de Nikita Kruschev, que acabou sendo o sucessor de Stalin, "ele falava e nós escutávamos". O ex-revolucionário bolchevique, "durante a década de 1930, transformou o governo que dirigia e até o país que governava numa gigantesca extensão de sua própria personalidade patologicamente desconfiada", sugere o historiador John Lewis Gaddis. Foi um "ato supremo de egoísmo" que "gerou inumeráveis tragédias". No período após a Segunda Guerra Mundial, Stalin via seus aliados ocidentais, assim como via todos os seus potenciais concorrentes no país e no exterior, com a mais profunda suspeita e desconfiança.

Joseph Stalin

De estatura frágil e com pouco carisma ou talento de orador, o nativo da Geórgia Stalin governou o país com punho de ferro desde meados da década de 20 até sua morte em 1953. O ditador soviético apertou as rédeas do poder na década de 30 – a um custo terrível para seu próprio povo. Cerca de 20 milhões de cidadãos

> soviéticos morreram como resultado direto ou indireto da coletivização forçada da agricultura soviética e da repressão sistemática impostas por Stalin.

Contudo, a política externa russa não pode ser compreendida como o produto puro e simples da brutalidade e da sede insaciável de poder de Stalin, por mais que esses elementos tenham sido certamente importantes. Apesar de toda a maldade e paranoia, e apesar de toda a crueldade para com seu próprio povo, Stalin executou uma política externa em geral cautelosa, circunspecta, procurando sempre equilibrar a oportunidade com o risco. O ditador russo calculava invariavelmente com grande cuidado a "correlação de forças" predominante. Revelava ter um respeito realista pela superioridade do poder industrial e militar dos Estados Unidos e muitas vezes buscou a proverbial metade do pão quando parecia provável que a procura do pão inteiro geraria resistência. As necessidades do Estado soviético, que sempre tiveram mais importância para Stalin que o desejo de difundir o comunismo, ditavam uma política que misturava oportunismo com cautela, assim como uma inclinação ao compromisso em lugar de uma estratégia de expansão agressiva.

A ideologia do marxismo-leninismo que sustentava o Estado soviético também influenciava a perspectiva e as políticas de Stalin e seus principais companheiros, ainda que de maneira complexa, difícil de precisar. Uma crença profundamente assentada nos ensinamentos de Marx e Lenin conferia-lhes uma fé messiânica no futuro, a sensação tranquilizadora de confiança de que, fossem quais fossem os trabalhos árduos que Moscou pudesse ter de enfrentar a curto prazo, a história estava ao seu lado. Stalin e a elite do Kremlin supunham que o conflito entre os mundos socialista e capitalista era inevitável e tinham certeza de que as forças da revolução proletária acabariam por prevalecer. Por isso, não se mostravam dispostos a pressionar demais quando a correlação de forças parecia tão favorável ao Ocidente. "A nossa ideologia apoia as operações ofensivas quando possível", como dizia o ministro das Relações Exteriores V. M. Molotov, "e, se não for esse o caso, esperamos". Se a certeza ideológica às vezes gerava uma paciência cautelosa, outras vezes distorcia a realidade. Os líderes russos não compreenderam, por exemplo, por que tantos alemães orientais e europeus orientais viam as forças do Exército Vermelho mais como opressoras do que como libertadoras; eles também continuavam a calcular que uma guerra entre os Estados capitalistas rivais estava fadada a acontecer e que o sistema capitalista enfrentaria em pouco tempo outra depressão global.

A ideologia conferia tanto aos soviéticos quanto aos americanos uma fé messiânica nos papéis de suas respectivas nações na história mundial. Em cada lado do que viria a se tornar a linha divisória da Guerra Fria, os líderes e os cidadãos comuns viam os seus países agindo por objetivos muito mais amplos do que a mera promoção de interesses nacionais. Na verdade, tanto os soviéticos quanto os americanos viam-se agindo por razões nobres – agindo para introduzir a humanidade numa grandiosa nova era de paz, justiça e ordem. "Líderes dos dois lados acreditavam que a história estava do seu lado", salienta o historiador David C. Engerman; "ambos os países igualavam o crescimento de seu poder com progresso histórico." Associados ao poder esmagador que as duas nações tinham numa época em que grande parte do mundo jazia prostrada, esses valores ideológicos contrapostos forneciam uma receita certeira para o conflito.

Capítulo 2

As origens da Guerra Fria na Europa: 1945-1950

Uma aliança frágil

Um casamento clássico de conveniência, a aliança, estabelecida durante a guerra, entre a principal potência capitalista do globo e o principal advogado da revolução proletária internacional foi desde o início crivada de tensão, desconfiança e suspeita. Além do objetivo comum de derrotar a Alemanha nazista, pouco havia para cimentar uma parceria nascida de uma necessidade crítica, além de onerada por um passado repleto de conflitos. Afinal, os Estados Unidos haviam demonstrado uma hostilidade implacável ao Estado soviético desde a revolução bolchevique que lhe deu origem. Os governantes do Kremlin, por sua parte, viam os Estados Unidos como o cabeça das potências capitalistas que tinham procurado acabar com o regime comunista ainda nos primeiros tempos. Seguiram-se a pressão econômica e o isolamento diplomático, junto com denúncias persistentes de porta-vozes americanos contra o governo soviético e tudo o que ele representava. O reconhecimento tardio da União Soviética por Washington, que veio dezessete anos depois da fundação do Estado comunista, foi insuficiente para drenar o reservatório de rancor, especialmente porque os esforços de Stalin para reunir uma frente comum contra a Alemanha ressurgente de Hitler em meados e na última metade da década de 30 foram recebidos com indiferença pelos Estados Unidos e por outras potências ocidentais. Abandonado mais uma vez pelo Ocidente, ao menos segundo seu ponto de vista, e entregue à própria sorte, tendo de enfrentar sozinho os lobos alemães, Stalin concordou em assinar o pacto nazista-soviético de 1939 em grande parte como um meio de autoproteção.

Por sua vez, os Estados Unidos entraram no período após a Primeira Guerra Mundial tão somente com desprezo por um regime imprevisível e indisciplinado, que havia confiscado propriedades, repudiado as dívidas pré-guerra e prometido apoiar revoluções operárias por todo o globo. Os estrategistas americanos não temiam o poder militar convencional da União Soviética, que era seguramente limitado. Preocupavam-se antes com o apelo da mensagem marxista--leninista para as massas oprimidas de outros países – bem como dos próprios Estados Unidos – e com as insurgências revolucionárias, com a instabilidade resultante que poderiam suscitar. Por isso, Washington trabalhou para colocar em quarentena o vírus comunista e isolar os seus quartéis--generais em Moscou durante toda a década de 20 e o início da década de 30. Era como "ter um vizinho malvado e vergonhoso", recordava o presidente Herbert Hoover em suas memórias: "Nós não o atacávamos, mas não lhe dávamos um certificado de bom caráter convidando-o para nossas casas". O reconhecimento diplomático de Roosevelt em 1933, instigado por cálculos comerciais e geopolíticos, mudou realmente muito pouco. A relação soviético-americana continuou formal até Hitler trair seu aliado soviético em junho de 1941. Até então, o pacto faustiano entre a Alemanha e a Rússia servira apenas para intensificar a aversão americana ao regime de Stalin. Quando o ditador soviético usou de modo oportunista a cobertura alemã para desferir um ataque contra a Polônia, os Estados Bálticos e a Finlândia em 1939-1940, o sentimento antissoviético prosperou por toda a sociedade americana.

Depois da invasão alemã da União Soviética, a antipatia ideológica rendeu-se aos ditados da *realpolitik*. Roosevelt e seus principais estrategistas reconheceram rapidamente as grandes vantagens geoestratégicas que os Estados Unidos ganhariam com uma União Soviética capaz de resistir à investida alemã; preocupavam-se, inversamente, com o poder intensificado que a Alemanha conquistaria se viesse a subjugar um país tão rico em recursos. Consequentemente, a partir do verão de 1941, os Estados Unidos principiaram a enviar suprimentos militares para a União Soviética a fim de fortalecer as chances do Exército Vermelho. A partir de junho de 1941, a dinâmica central das políticas de Roosevelt consistia, como disse com tanta perspicácia o historiador Waldo Heinrichs, "na convicção de que a sobrevivência da União Soviética era essencial para a derrota da Alemanha, e a derrota da Alemanha, essencial para a segurança americana". Até o inveterado anticomunista Churchill compreendeu imediatamente a importância crítica da sobrevivência da União Soviética para a luta contra a agressão alemã. "Se Hitler invadisse o inferno", ele gracejou, "eu faria ao menos uma referência favorável ao diabo na Câmara dos Comuns." Os americanos, os soviéticos e os britânicos de repente se viram combatendo um inimigo comum, um fato formalizado com a declaração de guerra de Hitler aos Estados Unidos dois dias depois de Pearl Harbor. Mais de US$ 11 bilhões em ajuda militar fluíram dos Estados Unidos para a União Soviética durante a guerra, servindo como a manifestação mais concreta do novo sentimento de interesse mútuo que então unia Washington e Moscou. Enquanto isso, a máquina de propaganda de guerra do governo dos Estados Unidos fazia esforços para amenizar a imagem do "Tio Zé" Stalin e do regime detestável, há tanto tempo abominado, que ele chefiava.

Exatamente como, onde e quando combater o adversário comum alemão eram, entretanto, questões que quase de imediato geravam atrito na Grande Aliança. Stalin pressionava seus parceiros anglo-americanos a abrir uma grande segunda frente contra os alemães o mais rápido possível para aliviar a intensa pressão militar no seu próprio país. Todavia, apesar das promessas de Roosevelt nesse sentido, os Estados Unidos e a Grã-Bretanha preferiram não abrir uma grande segunda frente durante dois anos e meio após Pearl Harbor, optando por operações periféricas e menos arriscadas no norte da África e na Itália em 1942 e 1943. Quando soube, em junho de 1943, que não haveria uma segunda frente no noroeste da Europa por mais um ano, Stalin escreveu zangado para Roosevelt que "a confiança" do governo soviético "em seus aliados... está sendo submetida a uma grave tensão". Causticamente chamou atenção para "os enormes sacrifícios dos exércitos soviéticos, diante dos quais os sacrifícios dos exércitos anglo-americanos são insignificantes". Como era de se esperar, Stalin mostrou-se inteiramente insensível aos problemas de suprimentos e preparativos de seus aliados. Eles se davam ao luxo de esperar antes de travar combate com a plena força do poder armado alemão; os russos obviamente não esperavam. Stalin suspeitava que seus supostos aliados não atribuíam uma prioridade particularmente alta a socorrer os soviéticos; e ele tinha razão, no sentido de que os americanos e os britânicos preferiam que os soviéticos morressem na luta contra Hitler se isso significasse poupar a vida de um número maior de seus próprios soldados. Até o lançamento, em junho de 1944, da sempre prorrogada invasão aliada da costa da Normandia, então ocupada pelos alemães, as forças soviéticas impediam o avanço de mais de 80% das divisões da *Wehrmacht*.

Disputas políticas também atormentaram a aliança durante a guerra. Nenhuma se mostrou mais exasperadora do que as que se travaram sobre as condições de paz a serem impostas à Alemanha e sobre o status pós-guerra da Europa Oriental, respectivamente. Em uma conferência durante a guerra, realizada em Teerã em novembro de 1943, e durante todo o ano seguinte, Stalin incutiu em Roosevelt e Churchill sua convicção de que a Alemanha recuperaria o poder industrial-militar logo depois do fim da guerra e voltaria a representar um perigo mortal para a União Soviética. Por isso, o governante russo pressionava vigorosamente por uma paz dura que despojasse a Alemanha de territórios e da infraestrutura industrial. Essa abordagem satisfaria a dupla necessidade da União Soviética de manter a Alemanha prostrada, enquanto se extraía do país uma considerável contribuição para o esforço de reconstrução soviético. Roosevelt não se mostrou disposto a se comprometer plenamente com as propostas punitivas de Stalin, embora tivesse dito a ele que também via com bons olhos o desmembramento permanente da Alemanha. De fato, a essa altura os especialistas americanos ainda não haviam decidido entre dois impulsos concorrentes: esmagar a nação que havia precipitado tamanha carnificina ou tratá-la magnanimamente, usando o período previsto de ocupação para ajudar a modelar uma nova Alemanha que pudesse desempenhar um papel construtivo na Europa do pós-guerra, tendo seus recursos e sua indústria plenamente utilizados na gigantesca tarefa de reabilitar a Europa dilacerada pelo conflito. Apesar do primeiro aceno de Roosevelt a uma abordagem punitiva, a questão continuava longe de estar resolvida, como os desenvolvimentos subsequentes deixariam dolorosamente claro.

As questões da Europa Oriental, que afetavam diretamente interesses de segurança vitais para os soviéticos, furtavam-se da mesma forma a uma decisão fácil. Na teoria e na prática, americanos e britânicos estavam conformados com uma esfera de influência soviética na Europa Oriental – uma Europa Oriental, em outras palavras, em que os soviéticos exerciam uma influência predominante. Em novembro de 1944, na versão mais crua da diplomacia das esferas de influência durante a guerra, Churchill e Stalin aprovaram provisoriamente os notórios "acordos de porcentagens", que pretendiam dividir grande parte dos Bálcãs em zonas de influência preponderantemente britânica ou russa. Porém, Roosevelt nunca se comprometeu com esse *modus vivendi*, porque representava uma violação demasiado gritante dos princípios da autodeterminação livre e democrática que formava a pedra angular dos planos americanos para a ordem política pós-guerra. Mas essa questão em particular não tinha solução fácil. A Polônia, o país cuja invasão conjunta pela Alemanha e pela União Soviética desencadeara a guerra europeia, resumia bem a natureza intratável do problema. Dois governos poloneses rivais disputavam o reconhecimento internacional durante os anos de guerra: um

1. Churchill, Roosevelt e Stalin posam para os fotógrafos durante a cúpula de Yalta, em fevereiro de 1945.

deles, sediado em Londres, era dirigido por nacionalistas poloneses fortemente antissoviéticos; o outro, estabelecido na cidade polonesa de Lublin, era essencialmente um regime marionete dos soviéticos. Em uma política tão polarizada, não havia meio-termo; por isso, existia pouco espaço para dividir equitativamente as diferenças, como Roosevelt gostava de fazer nos conflitos políticos domésticos.

Na Conferência de Yalta, em fevereiro de 1945, Roosevelt, Churchill e Stalin tentaram resolver algumas dessas disputas básicas, enquanto planejavam também o estratagema do fim da guerra. A conferência representa o ponto alto da cooperação durante a guerra, com seus compromissos refletindo muito bem o equilíbrio de poder existente no cenário da guerra e a determinação dos líderes dos "Três Grandes" para sustentar o espírito de cooperação e compromisso exigido pela sobrevivência de sua inusitada aliança. Sobre a questão crucial da Polônia, americanos e britânicos concordaram em reconhecer o governo Lublin apoiado pelos soviéticos, desde que Stalin ampliasse a representatividade desse regime e permitisse eleições livres. Em grande parte para oferecer uma compensação a Roosevelt, que procurava esconder o recuo diante de uma das proclamadas metas de guerra dos Estados Unidos – e acalmar milhões de americanos de descendência europeia oriental (a maioria dos quais, significativamente, votava com o partido democrata) –, Stalin aceitou uma Declaração sobre a Europa Libertada. Nesse documento público, os três líderes prometiam apoiar processos democráticos para o estabelecimento dos novos governos representativos em cada uma das nações libertadas da Europa. O governante soviético também recebeu a garantia que procurava, isto é, que a Alemanha seria forçada a pagar reparações de guerra, sendo proposta uma primeira cifra de US$ 20 bilhões, dos quais US$ 10 bilhões seriam destinados para a União Soviética. Contudo, o acordo final sobre essa questão foi postergado para o futuro. O compromisso soviético de entrar na guerra contra o Japão num prazo de três meses depois do fim da Guerra Europeia, também negociado em Yalta, representou uma grande proeza diplomática para os Estados Unidos, assim como o acordo soviético formal de ingressar nas Nações Unidas.

Da cooperação ao conflito: 1945-1947

Semanas depois das sessões de encerramento da conferência, entretanto, o espírito de Yalta foi sacudido pela crescente insatisfação anglo-americana com as ações soviéticas na Europa Oriental. A repressão grosseira e brutal dos poloneses não comunistas pela União Soviética, junto com as ações violentas na Bulgária, Romênia e Hungria, áreas recentemente libertadas pelo Exército Vermelho, parecia tanto a Churchill quanto a Roosevelt violação dos acordos de Yalta. Churchill exortou Roosevelt a fazer da Polônia "um caso de teste entre nós e os russos". Apesar de igualmente inquieto com o comportamento de Stalin, o líder americano procrastinou; até seus últimos dias continuou convicto de que podia ser preservada uma relação razoável de dar e receber com os russos. Quando, em 12 de abril, Roosevelt sucumbiu a uma grande hemorragia cerebral, essa responsabilidade hercúlea passou ao inexperiente e não testado Harry S. Truman. Continua tema de intensos debates especializados saber até que ponto essa mudança na liderança americana em tão grave conjuntura exerceu uma diferença substantiva no curso das relações americano-soviéticas. Truman certamente se mostrava mais disposto que seu predecessor a aceitar a recomendação de conselheiros intransigentes de que endurecer com os russos ajudaria os americanos a realizar o que queriam. Em um comentário revelador e frequentemente citado, Truman disse, em 20 de abril, que não via razão para os Estados Unidos não ganharem 85% do que queriam em questões importantes. Três dias mais tarde, ele bruscamente intimou o ministro soviético das Relações Exteriores, V. M. Molotov, a verificar se o seu país estava cumprindo os acordos em relação à Polônia. Churchill também estava ficando desgostoso com o que caracterizava como brutalidade e violência soviéticas, montando o palco para um encontro decisivo de cartas na mesa entre os Três Grandes numa Alemanha despedaçada pela guerra.

Em julho de 1945, dois meses depois da rendição alemã, os líderes americano, britânico e soviético fizeram mais um esforço para aplainar as suas diferenças – com resultados mistos – durante a última das grandes conferências durante a guerra. Os encontros, realizados em Potsdam, nos arredores de Berlim arrasados pelos bombardeios, versaram sobre uma ampla série de questões, inclusive ajustes territoriais no leste da Ásia e o momento mais apropriado para a entrada soviética na Guerra do Pacífico. No entanto, os problemas mais espinhosos, e aqueles que dominaram a conferência de duas semanas, giraram em torno dos acordos pós-guerra na Europa Oriental e na Alemanha. Stalin atingiu um de seus principais objetivos diplomáticos logo no início das sessões: o reconhecimento anglo-americano do regime recém-estabelecido em Varsóvia. Os seus parceiros da Grande Aliança sentiam que não tinham outra alternativa senão aceitar o *fait accompli* de uma Polônia dominada pelos soviéticos, mesmo com as fronteiras ocidentais expandidas, recortadas um tanto toscamente de antigos territórios alemães. Apesar disso, eles se negaram a aceitar um reconhecimento equivalente dos governos instalados pelos soviéticos na Bulgária e na Romênia. Os conferencistas criaram um Conselho de Ministros das Relações Exteriores para tratar das várias questões territoriais provocadas pela guerra em encontros futuros e esboçar tratados de paz para as potências derrotadas do Eixo.

A Alemanha – a "grande questão", como Churchill apropriadamente a rotulou – provocou disputas ferozes antes de uma solução de compromisso, patrocinada pelos americanos, acabar com o impasse nas reuniões, embora ao custo de uma divisão econômica *de facto* do país. Então, mais uma vez, as reparações de guerra surgiram como o principal obstáculo. A insistência de Stalin nos US$ 10 bilhões em reparações de guerra alemãs, que ele pensava terem sido acordados em Yalta, encontrou firme resistência em Truman e seus conselheiros. Convencidos de que a recuperação econômica e a prosperidade futura da Europa Ocidental – e dos próprios Estados Unidos – exigiam uma Alemanha economicamente vibrante, os americanos opuseram-se a qualquer plano que laborasse contra esse fim. O secretário de Estado James F. Byrnes apresentou uma proposta de compromisso que os soviéticos acabaram por aceitar com relutância. Estipulava que as quatro potências encarregadas da ocupação – os Estados Unidos, a Grã-Bretanha, a França e a União Soviética – extrairiam reparações de guerra sobretudo das próprias zonas de ocupação que lhes foram designadas; aos soviéticos foram prometidos, adicionalmente, alguns bens de produção das zonas ocidentais. Todavia, essas zonas ocidentais, que continham as seções mais altamente industrializadas e ricas em recursos no país, ficariam com efeito isoladas da influência soviética. Como os parceiros da Grande Aliança foram incapazes de concordar com uma abordagem unificada da questão alemã – a questão diplomática mais contenciosa da guerra e a questão destinada a permanecer no coração da Guerra Fria –, eles optaram essencialmente pela divisão, embora tentando manter o simulacro de unidade. As ramificações desse resultado tiveram longo alcance. Representaram o passo inicial para a integração das partes da Alemanha ocupadas pelos ocidentais e pelos soviéticos em sistemas econômico-políticos separados – e pressagiaram a divisão Leste-Oeste do continente europeu.

Ainda assim, Truman disse ter ficado satisfeito com as decisões portentosas tomadas em Potsdam. "Gosto de Stalin", observou à época. "Ele é franco. Sabe o que quer e faz concessões quando não pode alcançar seu objetivo." A confiança do líder americano em ser capaz de obter o máximo possível nas futuras negociações com seu congênere soviético baseava-se especialmente no que o presidente e seus principais conselheiros viam como os trunfos de Washington: o poder econômico e a posse exclusiva da bomba atômica. A autoconfiança de Truman recebeu um grande estímulo quando, em meio às discussões de Potsdam, ele foi informado do sucesso do teste da bomba atômica que fora realizado no Novo México. Essa "sequência real" das cartas na mão dos Estados Unidos, como o secretário da Guerra Henry Stimson carinhosamente chamava a nova arma, melhoraria sem dúvida as perspectivas de acordos diplomáticos coerentes com os interesses americanos – ou assim acreditavam Truman e seu círculo íntimo. As explosões da bomba atômica sobre Hiroshima em 6 de agosto e sobre Nagasaki em 9 de agosto, que mataram instantaneamente 115.000 pessoas e deixaram mais dezenas de milhares morrendo por doenças provocadas pela radiação, forçaram a capitulação do Japão. O emprego da bomba serviu simultaneamente a vários objetivos militares e diplomáticos americanos: apressou o término da guerra, poupou milhares de vidas americanas, eliminou a necessidade de tropas soviéticas no teatro do Pacífico (exceto o movimento das tropas soviéticas na Manchúria) e fechou a porta a qualquer pedido soviético realista para desempenhar um papel na ocupação pós-guerra do Japão.

Entretanto, apesar dos trunfos da administração Truman, as relações soviético-americanas deterioraram-se progressivamente nos meses que se seguiram à rendição japonesa. Além da Europa Oriental e da Alemanha, ainda os problemas mais exasperantes, os antigos aliados entraram em conflito sobre suas visões contrárias de como alcançar o controle internacional de armamento nuclear, sobre seus

2. Churchill, Truman e Stalin posam na frente da residência de Churchill durante a Conferência de Potsdam em julho de 1945.

interesses conflitantes no Oriente Médio e no Mediterrâneo Oriental, sobre a questão da ajuda econômica americana e sobre o papel soviético na Manchúria. Embora alguns compromissos fossem forjados nos vários encontros do Conselho de Ministros das Relações Exteriores, o ano de 1946 assinalou a morte da Grande Aliança e o início de uma Guerra Fria plena.

Durante todo aquele ano, a administração Truman e seus principais aliados da Europa Ocidental passaram a ver a Rússia de Stalin cada vez mais como um valentão oportunista que parecia ter um apetite insaciável por territórios, recursos e concessões. George F. Kennan, o diplomata americano sênior em Moscou, articulou e deu peso a essa avaliação em seu "longo telegrama" de 22 de fevereiro de 1946, um marco daqueles tempos. A hostilidade soviética ao mundo capitalista era tão imutável quanto inevitável, enfatizava Kennan, resultado da fusão infeliz da insegurança russa tradicional com o dogma marxista-leninista. Ele argumentava que os governantes do Kremlin haviam imposto um regime totalitário opressivo ao povo soviético e usavam a suposta ameaça representada por inimigos externos para justificar a continuação da tirania interna que os mantinha no poder. O conselho de Kennan era incisivo: evitar a acomodação, que jamais funcionaria de qualquer modo; em vez disso, concentrar esforços para deter a difusão do poder e influência soviéticos. O Kremlin, insistia, só cederia a uma força superior. Em 5 de março, Winston Churchill, então fora do poder, acrescentou publicamente a sua voz ao crescente coro antissoviético. Em Fulton, Missouri, com um Harry Truman evidentemente de acordo ao seu lado no pódio, o líder britânico da guerra admoestou: "De Stettin, no

Báltico, a Trieste, no Adriático, uma cortina de ferro desceu por todo o continente". A própria civilização cristã, alertava Churchill, estava em perigo por causa do expansionismo soviético.

Apenas o comportamento soviético não justificava o grau de alarme que emanava das capitais ocidentais, nem certamente os roteiros de fim do mundo que estavam sendo traçados em algumas esferas americanas. O regime stalinista, sem dúvida, pressionava para obter vantagens quase a cada passo. Impôs governos subservientes à Polônia, à Romênia e à Bulgária; criou uma esfera exclusiva de influência em sua zona de ocupação no leste da Alemanha; recusou-se inicialmente a retirar as suas tropas do Irã, precipitando a primeira grande crise da Guerra Fria em março de 1946; pressionou agressivamente a Turquia para conseguir concessões, chegando a reunir tropas ao longo da fronteira búlgara numa tentativa de intimidação; pilhou a Manchúria; e ainda muito mais. Não obstante, os soviéticos também permitiram eleições relativamente livres na Hungria e na Tchecoslováquia, cooperaram na formação de governos representativos na Finlândia e na Áustria, continuaram a se empenhar em negociações enérgicas com as potências ocidentais por meio do institucionalizado Conselho de Ministros das Relações Exteriores e até agiram para conter os poderosos partidos comunistas na Itália, na França e em outras regiões da Europa Ocidental. Em suma, o comportamento soviético admitia interpretações mais sutis e equilibradas do que as oferecidas por Kennan e Churchill.

Na verdade, o que os Estados Unidos e o Reino Unido mais temiam não era o comportamento soviético *per se*, nem as intenções hostis que poderiam estar subjacentes a esse comportamento. Tampouco estavam demasiado preocupados com a capacidade militar soviética, ao menos a curto prazo. Os principais especialistas militares americanos e britânicos consideravam a União Soviética muito fraca para se arriscar numa guerra contra os Estados Unidos; consideravam um ataque do Exército Vermelho à Europa Ocidental, em particular, altamente improvável. O que inspirava preocupação entre os formuladores de políticas americanos e britânicos era antes a perspectiva de que a União Soviética poderia tirar partido e proveito da desgraça socioeconômica e das sublevações políticas a ela associadas, que continuavam a marcar o mundo pós-guerra. Essas condições haviam favorecido a ascensão da esquerda por todo o mundo, um fenômeno refletido de modo bastante perturbador na crescente popularidade dos partidos comunistas na Europa Ocidental, mas também manifestado na onda de movimentos revolucionários, anticoloniais e nacionalistas radicais em todo o Terceiro Mundo. As graves rupturas sociais e econômicas da guerra fizeram o comunismo parecer uma alternativa sedutora para muitos povos do mundo. Os Ministérios da Defesa e das Relações Exteriores ocidentais temiam que os partidos comunistas locais e os movimentos revolucionários nativos se aliassem com os soviéticos e se submetessem às ideias da União Soviética, um Estado cuja legitimidade e cujo prestígio haviam sido substancialmente brunidos por seu papel central na cruzada antifascista. Como consequência, o Kremlin poderia aumentar o seu poder e estender o seu alcance sem precisar arriscar uma ação militar direta. Para os estrategistas americanos, avultava a sombra assustadora de 1940-1941. Outra potência hostil, armada mais uma vez com uma ideologia alheia e ameaçadora, poderia ganhar controle sobre a Eurásia, inclinando a balança do poder mundial contra os Estados Unidos, negando-lhe o acesso a mercados e recursos importantes e colocando em risco a liberdade política e econômica do país.

Traçando as linhas

Para enfrentar essas ameaças graves, ainda que difusas, os Estados Unidos moveram-se com velocidade estonteante durante a primeira metade de 1947, com o objetivo de executar uma estratégia que procurasse simultaneamente conter a União Soviética *e* reduzir o apelo do comunismo. Uma iniciativa britânica, que se fez necessária pelo poder em declínio e pelo agravamento dos infortúnios financeiros de Londres, estimulou o primeiro passo crítico na ofensiva diplomática dos Estados Unidos. Em 21 de fevereiro, o governo britânico informou o Departamento de Estado de que já não tinha meios para fornecer assistência econômica e militar à Grécia e à Turquia. As autoridades americanas determinaram rapidamente que os Estados Unidos deveriam assumir o antigo papel da Grã--Bretanha para bloquear a possível difusão da influência soviética no Mediterrâneo Oriental – e no Oriente Médio, rico em petróleo, mais além. Para ganhar o apoio de um Congresso preocupado com os custos da operação e de um público que não se mostrava disposto a aceitar novas obrigações internacionais, Truman proferiu um discurso convincente no Congresso em 12 de março, no qual pedia US$ 400 milhões em apoio econômico e militar para os governos sitiados da Grécia e da Turquia.

Em um certo nível, os Estados Unidos estavam simplesmente agindo para preencher o vácuo de poder criado pelo encolhimento do poder britânico. O governo grego de direita travava uma guerra civil contra comunistas nativos supridos pela Iugoslávia comunista. Os turcos, por sua vez, enfrentavam uma persistente pressão russa por algumas concessões em Dardanelos. Moscou e seus aliados estavam assim em posição de se beneficiar da retirada britânica, uma perspectiva inquietadora que a iniciativa americana pretendia impedir. Contudo, o que é particularmente significativo sobre a Doutrina Truman é menos esse fato básico da política do poder que a maneira escolhida pelo presidente americano de apresentar sua proposta de ajuda. Usando linguagem hiperbólica, imagens maniqueístas e uma deliberada simplificação para reforçar o seu apelo público, Truman batalhava para construir no Congresso e entre o público um consenso em prol não só desse compromisso particular, mas também de uma política externa americana mais ativa – uma política que seria ao mesmo tempo antissoviética *e* anticomunista. A Doutrina Truman significava uma declaração de Guerra Fria ideológica, junto com uma declaração de Guerra Fria geopolítica. Mas havia abundância de ambiguidades, e elas reverberariam por toda a era da Guerra Fria. Qual era precisamente a natureza da ameaça que justificava um compromisso em tão grande escala? Era o crescimento potencial da potência soviética? Ou era a difusão de um conjunto de ideias opostas aos valores americanos? Os dois perigos, totalmente distintos, fundiam-se imperceptivelmente no pensamento americano.

A Doutrina Truman

"No presente momento da história mundial", disse Truman ao Congresso em seu apelo a favor do pacote de ajuda à Grécia e à Turquia, "quase toda nação deve escolher entre modos alternativos de vida." Depois de catalogar as perfídias da União Soviética, mas sem jamais citá-la diretamente, Truman concluiu com a famosa exortação de que "a política dos Estados Unidos deve apoiar os povos livres que resistem às tentativas de subjugação feitas por minorias armadas ou pela pressão externa". Esse compromisso emocionantemente indefinido foi logo rotulado de Doutrina Truman.

Três meses depois do discurso relevante de Truman, os Estados Unidos anunciaram publicamente a segunda fase capital de sua ofensiva diplomática. O secretário de Estado George C. Marshall, durante um discurso de formatura na Universidade de Harvard, prometeu ajuda americana a todos os países europeus dispostos a coordenar os seus esforços de recuperação. Os inimigos que os Estados Unidos procuravam combater com essa ajuda, imediatamente rotulada de Plano Marshall, eram a fome, a pobreza e a desmoralização que alimentavam o crescimento da esquerda na Europa pós-guerra, um conjunto de circunstâncias incitadas pelos esforços de recuperação protelados e exacerbadas pelo inverno mais rigoroso em 80 anos. O ministro das Relações Exteriores britânico Ernest Bevin e o ministro das Relações Exteriores francês Georges Bidault reagiram imediata e entusiasticamente à proposta de Marshall. Organizaram um encontro de Estados europeus interessados que logo apresentaram uma série de princípios organizadores para gerir o programa de ajuda americana proposto. Os governos britânico, francês e de outros países da Europa Ocidental perceberam uma oportunidade de ouro para ajudar a mitigar graves problemas econômicos, agir contra os partidos comunistas locais e impedir a expansão soviética. Partilhavam, em suma, muitas das preocupações da administração Truman sobre os perigos inerentes ao ambiente pós-guerra, mesmo que os europeus tendessem a ser menos ideologicamente obcecados que seus congêneres americanos na maneira de compreender a ameaça. Os líderes da Europa Ocidental claramente acolheram – e atraíram – uma política mais ativa e uma presença mais forte dos americanos na Europa pós-guerra, porque isso se ajustava a suas próprias necessidades econômicas, políticas e de segurança. O Plano Marshall acabou fornecendo US$ 13 bilhões em assistência para a Europa Ocidental, ajudando a dar partida na recuperação econômica na região, a estimular a integração econômica europeia e a restaurar um importante mercado para os produtos americanos. Receoso de que o Programa de Recuperação Europeia seria usado para afrouxar o controle da Rússia sobre seus satélites, Stalin proibiu a participação da Europa Oriental. O ministro soviético das Relações Exteriores, Molotov, saiu da conferência organizadora em Paris com um severo alerta de que o Plano Marshall "dividiria a Europa em dois grupos de Estados".

Uma reorientação decisiva da política em relação à Alemanha constituía outra parte integrante da ofensiva diplomática da administração Truman. Os formuladores da política americana consideravam a participação das zonas de ocupação ocidental da Alemanha no Plano Marshall essencial para os objetivos do plano, porque a indústria e os recursos alemães constituíam os motores indispensáveis do crescimento econômico europeu. Mesmo antes do início do Plano Marshall, os Estados Unidos tinham começado a incentivar a produção de carvão nas zonas de ocupação americana e britânica então integradas. Os planejadores de Washington estavam convencidos de que a paz e a prosperidade globais, bem como a segurança e o bem-estar econômico dos Estados Unidos, dependiam da recuperação econômica europeia e de que essas metas políticas fundamentais requeriam, por sua vez, uma Alemanha forte, economicamente revivificada. Essas metas militavam contra qualquer compromisso diplomático com a União Soviética sobre a muito importante questão alemã. A insistência do secretário de Estado Marshall para que os alemães participassem do Programa de Recuperação Europeia acabou basicamente com qualquer perspectiva remanescente de um acordo das quatro potências sobre a Alemanha e causou diretamente o colapso acrimonioso dos encontros do Conselho de Ministros das Relações Exteriores em novembro de 1947. "Na realidade, não queremos nem pretendemos aceitar a unificação da Alemanha em termos que os russos poderiam aprovar", admitiu em privado um diplomata americano do alto escalão. Preferindo dividir o país a correr o risco de uma Alemanha reunificada, que poderia com o tempo alinhar-se com a União Soviética ou, o que seria quase tão ruim, adotar uma posição neutra, os Estados Unidos, a Grã-Bretanha e a França deram os primeiros passos para a criação de um Estado alemão ocidental e independente no início de 1948. O embaixador britânico Lorde Inverchapel observou corretamente que os americanos acreditavam que "a divisão da Alemanha e a absorção das duas partes nas esferas rivais Oriental e Ocidental é algo preferível à criação de uma terra de ninguém na fronteira de uma hegemonia soviética em expansão".

Dadas as preocupações de Stalin frequentemente citadas sobre o renascimento do poder alemão, essas iniciativas da política ocidental garantiam virtualmente uma vigorosa reação soviética. As altas autoridades americanas esperavam essa resposta – e não foram desapontadas. Em setembro de 1947, numa conferência na Polônia, os soviéticos criaram o Bureau de Informação Comunista (Cominform) como meio de apertar o controle tanto sobre os seus Estados satélites na Europa Oriental quanto sobre os partidos comunistas da Europa Ocidental. Desacreditando o Plano Marshall como parte de uma estratégia concertada para forjar uma aliança ocidental que serviria como "ponto de partida para atacar a União Soviética", o principal delegado russo, Andrei Zhdanov, disse que o mundo estava então dividido em "dois campos". Seguiu-se um golpe de estado na Tchecoslováquia, patrocinado pelos soviéticos, em fevereiro de 1948. Isso causou a demissão de todos os ministros não comunistas do governo, deixando em sua esteira o cadáver do respeitado ministro das Relações Exteriores Jan Masaryk – uma morte em circunstâncias altamente suspeitas. Junto com a repressão pesada da oposição não comunista na Hungria, o golpe de estado tcheco anunciou uma posição soviética muito mais dura em seu "campo" e ajudou a cristalizar a divisão da Europa em Leste-Oeste.

Então, em 24 de junho de 1948, Stalin bateu o martelo. Em resposta à reabilitação anglo-americano-francesa e à consolidação da Alemanha Ocidental, os soviéticos bloquearam de repente todo acesso terrestre dos aliados à Berlim Oriental. Isolando o enclave ocidental nessa cidade dividida, localizada 201 quilômetros dentro da Alemanha Oriental ocupada pelos soviéticos, Stalin visava a expor a vulnerabilidade de seus adversários, desarranjando com isso a criação do Estado separado da Alemanha Ocidental que ele tanto temia. Truman reagiu dando início a uma ponte aérea ininterrupta de suprimentos e combustível para os dois milhões de residentes sitiados em Berlim Ocidental, num dos episódios mais célebres e mais tensos do início da Guerra Fria. Em maio de 1949, Stalin finalmente cancelou o que se tornara um bloqueio ineficaz – e um desastre de relações públicas. A desajeitada estocada soviética só conseguiu aprofundar a divisão Leste-Oeste, inflamando a opinião pública nos Estados Unidos e na Europa Ocidental, bem como destruindo todo e qualquer fio de esperança que ainda existia sobre um acordo alemão aceitável para todas as quatro potências que ocupavam o país. Em setembro de 1949, as potências ocidentais criaram a República Federal da Alemanha. Um mês mais tarde, os soviéticos fundaram a República Democrática Alemã em sua zona de ocupação. As linhas da Guerra Fria na Europa estavam então claramente demarcadas, com a divisão da Alemanha entre o Leste e o Oeste espelhando a divisão mais ampla da Europa em esferas dominadas pelos americanos e pelos soviéticos.

Vários dos principais diplomatas europeus ocidentais, e nenhum com mais determinação que o ministro das Relações Exteriores Ernest Bevin, acreditavam que a recente conexão europeia-americana só poderia ser cimentada por meio de um acordo formal de segurança transatlântica.

Para esse fim, o corpulento ex-líder trabalhista tornou-se o principal promotor da formação do Pacto de Bruxelas de abril de 1948. Esse acordo de segurança mútua entre a Grã--Bretanha, a França, a Holanda, a Bélgica e Luxemburgo, esperava Bevin, poderia servir como base para uma aliança ocidental mais ampla. O que ele buscava era um mecanismo que ao mesmo tempo trouxesse os americanos mais para perto dos interesses da Europa Ocidental, amenizasse as ansiedades francesas quanto à revivificação da Alemanha e detivesse os soviéticos – ou, como dizia um ditado popular de forma crua, mas não de todo inexata: um meio de "manter os americanos dentro, os soviéticos fora e os alemães por baixo". A Organização do Tratado do Atlântico Norte (OTAN) satisfez as necessidades identificadas por Bevin – e por uma administração Truman decidida a acrescentar uma âncora de segurança à sua estratégia de contenção então em desenvolvimento. Assinada em Washington em 4 de abril de 1949, a OTAN reuniu os signatários de Bruxelas – Itália, Dinamarca, Noruega, Portugal, Canadá e Estados Unidos – num pacto de segurança mútua. Cada um dos Estados-membros consentiu em tratar um ataque a um ou mais países como um ataque a todos. Esse compromisso representou para os Estados Unidos uma reversão histórica de uma das tradições determinantes de sua política externa. Desde a aliança com a França, no final do século XVIII, Washington não formara uma aliança amalgamadora, nem fundira as suas próprias necessidades de segurança de forma tão inconsútil com as de outros Estados soberanos.

A esfera de influência, ou "império", que os Estados Unidos forjaram na Europa pós-guerra representa antes o produto de seus medos que de suas ambições. Além disso, foi o produto de uma convergência de interesses entre as elites dos Estados Unidos e da Europa Ocidental. Na realidade, essa última merece o crédito de ter sido coautora do que o historiador Geir Lundestad chamou "o império por convite" dos Estados Unidos. A esse respeito, existem distinções importantes entre o império soviético, que foi essencialmente imposto a grande parte da Europa Oriental, e o império americano, que resultou de uma parceria nascida de medos de segurança em comum e de necessidades econômicas parcialmente coincidentes.

Embora tenha sido um desenvolvimento inegavelmente crucial no início da Guerra Fria, a divisão da Europa em esferas hostis de influência constitui apenas parte de nossa história. Se a Guerra Fria tivesse se restringido a uma competição por poder e influência somente na Europa, essa história teria se desenrolado de forma muito diferente da que acabou assumindo. Consequentemente, o próximo capítulo desloca o foco geográfico para a Ásia, o segundo teatro de grande importância da Guerra Fria no início do pós-guerra.

Capítulo 3
Rumo à "Guerra Quente" na Ásia: 1945-1950

A Ásia veio a ser o segundo teatro mais importante da Guerra Fria – e o lugar onde a Guerra Fria se tornou quente. A Europa, é claro, gerou mais controvérsia e recebeu mais atenção dos Estados Unidos e da União Soviética, emergindo como o principal foco de tensões entre os antigos aliados no período imediatamente após a Segunda Guerra Mundial. Cada uma das duas potências identificava ali interesses que pareciam vitais para suas necessidades de segurança e bem-estar econômico tanto a curto quanto a longo prazo. O desenvolvimento e o endurecimento de uma esfera de influência americana na Europa Ocidental, e de uma correspondente esfera soviética na Europa Oriental, constituíram a própria essência da fase inicial da Guerra Fria, conforme argumentado no capítulo anterior, com a Alemanha representando o marco zero. Entretanto, o conflito aberto entre o Leste e o Oeste foi evitado na Europa – no final da década de 40 e por todas as décadas que se seguiram. A Ásia, onde Washington e Moscou também tinham interesses importantes, ainda que certamente menos vitais, não se mostrou tão afortunada. Cerca de 6 milhões de soldados e civis acabariam perdendo a vida nos conflitos relacionados à Guerra Fria na Coreia e na Indochina. Além disso, foi a deflagração da Guerra da Coreia, em junho de 1950, que precipitou o primeiro embate militar direto entre as forças americanas e as comunistas e, tanto quanto qualquer outro dos acontecimentos, transformou a Guerra Fria numa luta mundial.

Japão: de inimigo mortal a aliado da Guerra Fria

A Segunda Guerra Mundial catalisou mudanças de longo alcance por toda a extensão do continente asiático. A espantosa série de conquistas do Japão nos primeiros meses da guerra – em Cingapura, na Manchúria, na Birmânia, nas Filipinas, nas Índias Orientais Holandesas, na Indochina Francesa e em outras regiões – virou de ponta-cabeça o sistema colonial ocidental no leste da Ásia, ao menos temporariamente, enquanto destruía o mito da superioridade racial branca em que o domínio ocidental essencialmente se baseava. O Império Britânico no Extremo Oriente dependia de prestígio, observou um diplomata australiano à época, mas "esse prestígio foi completamente destroçado". A subsequente ocupação japonesa das possessões coloniais britânicas, francesas, holandesas e americanas, racionalizada pelo slogan eficaz, ainda que interesseiro, "A Ásia para os asiáticos", acelerou o crescimento da consciência nacionalista entre os povos asiáticos. Montou igualmente o palco para as revoluções nacionalistas que eclodiriam no final da guerra. Os vácuos de poder deixados pela rendição precipitada do Japão em 14 de agosto de 1945 permitiram que os nacionalistas que aspiravam ao poder tivessem tempo para se organizar, mobilizar e conseguir que o povo apoiasse as alternativas autóctones ao domínio japonês e ocidental que eles procuravam apressadamente construir.

As lutas épicas por liberdade e independência nacional travadas pelos povos da Ásia e de outras regiões do Terceiro

Mundo no período após a Segunda Guerra Mundial estão entre as forças históricas mais poderosas do século XX. Essas lutas, vale enfatizar, eram bem distintas da disputa por influência e poder temporariamente coincidente que estava sendo travada pelos Estados Unidos e pela União Soviética e, sem dúvida, teriam acontecido com ou sem a Guerra Fria. No entanto, essa última disputa realmente ocorreu, e seu caráter globalizante modelou inevitavelmente o estilo, o ritmo e o resultado formal dos outros conflitos. A descolonização e a Guerra Fria estavam fadadas a se tornar inextricavelmente ligadas, cada uma modelando e sendo modelada pela outra, tanto na Ásia quanto em outras regiões.

Quando se iniciou a era do pós-guerra, nem os Estados Unidos, nem a União Soviética pareciam reconhecer que a antiga ordem no leste da Ásia havia sido fatalmente solapada pela Guerra do Pacífico, ou estimar até que ponto as correntes nacionalistas por ela desencadeadas mudariam fundamentalmente as sociedades asiáticas. Os soviéticos executaram a princípio uma política caracteristicamente oportunista, embora cautelosa, no leste da Ásia, uma política de todo coerente com suas ações na Europa pós-guerra. Stalin tinha como desígnio reivindicar todo território outrora pertencente à Rússia czarista, restabelecer as concessões econômicas na Manchúria e na Mongólia Exterior e garantir a segurança soviética ao longo dos 6.678,78 quilômetros da fronteira sino-soviética. Esses objetivos apontavam para a necessidade de manter a China amistosa, mas fraca – e preferencialmente dividida –, a fim de evitar quaisquer conflitos de grande monta com as potências ocidentais e também para a conveniência de restringir os impulsos revolucionários dos partidos comunistas locais. Por sua vez, os Estados

Unidos começaram a executar uma agenda de política externa mais ambiciosa e de longo alcance, baseada em desarmar o Japão convertendo o Pacífico num lago americano, em transformar a China em um aliado confiável e estável e em promover uma solução moderada para o problema colonial.

Antes de tudo, porém, os planejadores americanos consideravam imperioso que nunca mais se deixasse o Japão ameaçar a paz da região. Para esse fim, Washington tinha decidido que os Estados Unidos, e apenas os Estados Unidos, supervisionariam a ocupação pós-guerra e a reestruturação do Japão. A meta americana era tão direta como ambiciosa: usar seu poder para refazer a sociedade japonesa destruindo todos os vestígios do militarismo, enquanto ajudava a fomentar o desenvolvimento de instituições liberais e democráticas. Em grau considerável, os Estados Unidos obtiveram sucesso. Sob a supervisão do imperioso general Douglas MacArthur, o regime de ocupação americano estimulou a realização de uma série de reformas de longo alcance: iniciou-se uma extensa reforma agrária, aprovaram-se leis trabalhistas que propiciaram direitos de negociação coletiva e criação de sindicatos, efetivaram-se melhorias educacionais e concederam-se direitos iguais às mulheres. A nova constituição de maio de 1947 renunciou formalmente à guerra, proibiu a manutenção de forças armadas e estabeleceu os princípios para um sistema de governo democrático representativo sob o império da lei: foi, nas palavras de um historiador, "em toda a história mundial talvez a operação mais exaustivamente planejada de uma gigantesca mudança política conduzida a partir do exterior".

Ao contrário do caso da Alemanha, que era governada diretamente por quatro potências diferentes e dividida entre elas para fins político-administrativos, a ocupação no Japão foi dominada por uma única potência que governava indiretamente, preferindo exercer a sua vontade por meio de colaborações com a pragmática burocracia governamental japonesa. O Japão, é claro, também em contraste com a Alemanha, foi deixado plenamente intacto como uma entidade nacional soberana.

Entretanto, apesar de todas essas diferenças importantes, as autoridades americanas tratavam essencialmente o Japão, sobretudo depois de 1947, como o análogo asiático à Alemanha (Ocidental): uma nação que pela infraestrutura industrial de ponta, pela mão de obra qualificada e pelas proezas tecnológicas tornara-se o motor indispensável do crescimento econômico regional e um ativo estratégico de valor incalculável na Guerra Fria. À medida que as tensões Leste-Oeste aumentavam, o regime de ocupação americana no Japão deixou de se concentrar em reformar e desmilitarizar o antigo Estado inimigo para se interessar em facilitar a sua rápida recuperação econômica. Um Japão pró-americano, estável e economicamente vibrante era considerado pelos estrategistas americanos tão essencial para os objetivos da política americana na Ásia pós-guerra quanto uma Alemanha pró-americana, estável e economicamente vibrante para os objetivos da política americana global na Europa pós-guerra. Em cada um dos casos, as metas geopolíticas e econômicas estavam entrelaçadas numa teia inconsútil. Os especialistas americanos julgavam o Japão a nação mais importante da Ásia por causa de seu potencial como motor da recuperação econômica do leste da Ásia e de seu intrínseco valor estratégico. De 1947 em diante, a meta da principal política asiática da administração Truman foi direcionar um Japão estável e próspero para o Ocidente. Se Tóquio caísse sob a influência comunista, a Junta de Chefes de Estado-Maior alertou Truman, "a URSS ganharia um potencial bélico adicional igual a 25% de sua capacidade". Em dezembro de 1949, o secretário de Estado Dean Acheson enquadrou da mesma forma a importância estratégica do Japão em termos do equilíbrio de poder global entre o Leste e o Oeste. "Se o Japão fosse acrescentado ao bloco comunista", enfatizou, "os soviéticos adquiririam mão de obra qualificada e potencial industrial capaz de alterar significativamente o equilíbrio de poder mundial".

Em vista da enormidade dos riscos visíveis, as autoridades americanas concordavam que proteger o Japão de qualquer ameaça comunista externa e, ao mesmo tempo, imunizá-lo contra qualquer possível contágio interno eram prioridades regionais cardinais dos Estados Unidos. Contudo, apesar dos primeiros sucessos importantes da ocupação, eles continuavam apreensivos quanto ao futuro, temendo em particular que os desenvolvimentos no outro lado do mar da China pudessem boicotar a perspectiva de um Japão revitalizado, firmemente ancorado no Ocidente. Quando, no final da década de 40, os comunistas chineses passaram a dominar a guerra civil que se travava na China, os analistas americanos inquietaram-se com o fato de que a tradicional dependência japonesa da China, por ela ser seu principal mercado marítimo, pudesse com o tempo atraí-lo para a órbita comunista. Afinal, como disse o primeiro-ministro do Japão, Shigeru Yoshida: "Vermelha ou verde, a China é um mercado natural". A orientação do Japão e o futuro da China não eram problemas fáceis de separar.

O triunfo comunista na China

A proclamação da República Popular da China em 1º de outubro de 1949 não representou apenas um monumental triunfo pessoal para Mao Zedong e outros líderes do movimento comunista chinês, que havia sido detectado, perseguido e quase extinto pelo partido Guomindang dominante de Chiang Kai-shek duas décadas antes. Significou também uma mudança fundamental na natureza e na localização da Guerra Fria – com importantes implicações estratégicas, ideológicas e políticas para cada país.

Durante a Segunda Guerra Mundial, a administração Roosevelt tinha sustentado o regime de Chiang com quantias substanciais de assistência militar e econômica, embora não fossem suficientes para satisfazer o insaciável generalíssimo. Roosevelt queria transformar os militares chineses numa força de combate efetiva contra o Japão e o regime de Chiang num aliado americano confiável, capaz de assumir um papel estabilizador e gerador de equilíbrio nas relações asiáticas do pós-guerra. Para realizar esses objetivos, Roosevelt encontrou-se com Chiang no Cairo em 1943, antes e imediatamente depois da conferência de cúpula dos Três Grandes em Teerã, para a qual o líder chinês não fora convidado. Durante as discussões no Cairo, o presidente americano adulou Chiang elevando a China simbolicamente ao status de grande potência; Roosevelt falou então sobre a China como um dos "Quatro Policiais" que, junto com os Estados Unidos, a União Soviética e a Grã-Bretanha, ajudaria a manter a paz depois da guerra. Ele apoiou a China dessa maneira em parte para cimentar os laços sino-americanos, em parte para compensar a ajuda material adicional que Chiang solicitava, mas Washington não tinha meios de fornecer, e em parte para manter a China na guerra, impedindo com isso a possibilidade de uma desastrosa paz em separado entre a China e o Japão. Todavia, nem os gestos simbólicos de Roosevelt, nem as missões militares e diplomáticas que ele enviava com alguma regularidade para a capital do Guomindang durante a guerra, em Chongqing, mostraram-se suficientes para arrancar uma contribuição militar significativa das tropas de Chiang.

Por volta de 1944, os diplomatas americanos em cena desconsideravam cada vez mais as possibilidades de êxito a longo prazo de um regime atolado em corrupção, venalidade e incompetência. Por sua parte, o governo do Guomindang, ou nacionalista, estava convencido de que a principal ameaça à sua existência não provinha dos japoneses, a quem seus aliados americanos certamente derrotariam, com ou sem ajuda chinesa significativa, mas dos comunistas chineses. Sob a liderança competente de Mao, estes tinham se transformado numa formidável força militar e política durante os anos da ocupação japonesa e haviam obtido o controle de imensas áreas do norte e do centro da China. Em vez de desperdiçar homens e material combatendo os invasores japoneses, Chiang e seu círculo próximo optaram por acumular recursos preciosos para o que esperavam ser um embate inevitável com os comunistas depois da guerra.

Na Conferência de Yalta, em fevereiro de 1945, Roosevelt recorreu a uma fonte inusitada de solução para o dilema da política americana na China. Completamente desiludido com a não disposição de Chiang para lutar, ele buscou e obteve o compromisso soviético de entrar na guerra contra o Japão nos três meses após o fim das hostilidades na

3. Mao Zedong, líder chinês e presidente do Partido Comunista Chinês.

Europa. O preço de Stalin para esse gesto – a promessa de Roosevelt de que ajudaria os soviéticos a reaver as concessões da era czarista na Manchúria e na Mongólia Exterior – revelou-se aceitável para um presidente americano que atribuía grande valor a minimizar a perda de vidas americanas no que se esperava ser um desenlace extremamente sangrento da Guerra do Pacífico. Em 14 de agosto, Chiang concordou com essas concessões soviéticas no oficialmente intitulado Tratado Sino-Soviético de Amizade e Assistência Mútua em troca do reconhecimento da soberania legal de seu governo por parte de Moscou.

Os comunistas chineses, como era de se esperar, sentiram-se traídos por seus supostos colegas ideológicos. O cálculo de Stalin sobre os interesses nacionais da Rússia suplantava claramente toda e qualquer ligação sentimental que ele tivesse com a causa dos colegas revolucionários comunistas. O governante soviético, de fato, preferia uma China fraca e dividida a uma China forte e unificada – não importando quem estivesse no poder. Ele queria que os comunistas chineses continuassem dependentes de Moscou e subservientes aos russos, por perceber os riscos de um movimento intensamente nacionalista que, se assumisse o poder, poderia procurar afirmar a soberania sobre todo o território chinês, colocando em perigo a esfera de influência que ele tanto almejava. O ditador soviético, reflexivamente avesso ao risco, queria também evitar toda e qualquer provocação aos Estados Unidos. Stalin contentou-se em saquear a Manchúria, o que as tropas soviéticas passaram a fazer depois de sua entrada no nordeste da China em agosto de 1945, e em consolidar os ganhos comerciais de Moscou recentemente adquiridos ali e em outras áreas da fronteira. As necessidades de Mao, um homem que Stalin via como um arrivista espalhafatoso difícil de controlar na liderança de um grupo de comunistas de "margarina", vinham em segundo lugar, depois das necessidades da terra natal soviética.

Após a rendição japonesa, a situação política na China deteriorou-se progressivamente. Como Chiang, Mao considerava uma paz genuína entre os comunistas e o

Guomindang altamente improvável e uma guerra civil inevitável. Em uma diretiva interna do partido, de 11 de agosto, ele instruiu os quadros do Partido Comunista e os líderes militares a "reunir nossas forças para nos prepararmos para a guerra civil". Durante todo o outono de 1945, as tropas comunistas e nacionalistas enfrentaram-se no nordeste da China, com Chiang usando agressivamente o equipamento e o transporte americanos num esforço para expulsar as forças comunistas. As esperanças americanas de uma China unificada, pacífica e pró-americana definhavam num ritmo constante. No final de 1945, o presidente Truman enviou o general George C. Marshall, o mais respeitado e rematado militar americano da sua geração, para a China a fim de mediar uma solução pacífica do conflito.

No início de 1946, Marshall conseguiu uma trégua temporária, mas ela logo se desfez. As tentativas do general americano para formar um acordo de compromisso entre Chiang e Mao baseavam-se essencialmente na ilusão de que o poder poderia ser de algum modo partilhado num governo de coalizão que incluiria comunistas e nacionalistas. Apesar da imparcialidade de Marshall, esses esforços fracassaram por causa das diferenças incuráveis entre os dois partidos, nenhum dos quais confiava no outro ou estava disposto a partilhar o poder com seu rival. No final de 1946, Marshall determinou corretamente que essa luta só poderia ser resolvida por meio da força das armas e que era um conflito que Chiang não tinha como vencer. A administração Truman continuou a fornecer ajuda ao regime de Chiang – um total de US$ 2,8 bilhões entre a rendição do Japão e 1950 –, só que mais para proteger seus flancos políticos contra o ataque dos que apoiavam o regime nacionalista chinês no Congresso e na mídia, o assim chamado lobby chinês, do que pela convicção de que apenas o apoio dos Estados Unidos tornaria as ineptas forças do Guomindang capazes de prevalecer. No final de 1948, a derrota tornou-se fragorosa, com Chiang e seu círculo próximo fugindo do continente para a ilha de Taiwan. A declaração dramática de Mao ao criar a nova República Popular da China no Portão da Paz Celestial em Beijing, em outubro de 1949, apenas formalizou um resultado que a maioria dos observadores bem informados havia previsto há muito tempo.

A vitória comunista na guerra civil chinesa, ainda que primariamente produto de forças complexas internas na China, acarretou inevitáveis ramificações na Guerra Fria. Um regime nacionalista apoiado pelos Estados Unidos – apesar da relação oscilante e carregada de desconfianças entre Washington e Chiang – havia sido derrotado por um movimento comunista apoiado pela União Soviética – apesar da relação oscilante e carregada de desconfianças entre Moscou e Mao. Asiáticos, europeus e outros espectadores interessados avaliaram de imediato o resultado da guerra civil chinesa como uma grande derrota para o Ocidente e uma vitória memorável tanto para a União Soviética quanto para o comunismo mundial. Assim também pensavam os críticos de Truman nos Estados Unidos, que praguejaram contra o presidente pela perda da China devido a ações mal concebidas, se não traiçoeiras. Por sua parte, os planejadores da administração Truman viam o triunfo do comunismo na China com algum grau de equanimidade, julgando-o antes um contratempo decepcionante para os Estados Unidos do que um desastre estratégico sem atenuantes. Em primeiro lugar, o secretário de Estado Dean Acheson e seus principais assessores no Departamento de Estado não consideravam a China empobrecida e devastada pela guerra um ingrediente crucial no equilíbrio global do poder mundial – ao menos em um futuro previsível. Por isso, os riscos na China não estavam em pé de igualdade com aqueles em jogo na Europa e no Japão – ou até no Oriente Médio. Em segundo lugar, concluíam que uma China comunista não se transformaria necessariamente num bloco unificado sino-soviético e antiamericano. Os estrategistas americanos seniores acreditavam que as ambições geopolíticas conflitantes atuavam contra o desenvolvimento de fortes laços entre a União Soviética de Stalin e a China de Mao. Finalmente, esperavam que a necessidade desesperada de ajuda econômica da parte de Beijing poderia dar aos Estados Unidos a oportunidade de que precisava para introduzir uma cunha entre as duas potências comunistas.

Alguns historiadores acreditam que os Estados Unidos desperdiçaram realmente uma oportunidade única de desenvolver relações amistosas, ou ao menos mercantis, com a China nessa importante conjuntura. Certos elementos do governo comunista chinês desejavam realmente uma relação positiva com os Estados Unidos a fim de obter a ajuda necessária para a reconstrução e evitar uma dependência excessiva do Kremlin. No lado americano, Acheson pensava que, uma vez "baixada a poeira", Washington poderia estender o reconhecimento diplomático a Beijing e recuperar o que fosse possível dos destroços da guerra civil. Evidências chinesas recentes sugerem, porém, que essa "oportunidade perdida" nunca existiu. Impelido pela determinação de reconstruir a China, uma determinação alimentada por sua fúria contra os imperialistas ocidentais que haviam maculado a nação por tanto tempo, e precisando de um inimigo externo para ajudar a mobilizar o apoio popular às suas grandiosas ambições revolucionárias no país, Mao gravitou naturalmente para o campo soviético. Rejeitou assim todas as sugestões de subordinados para que Beijing oferecesse um ramo de oliveira a Washington. Em vez disso, o líder chinês viajou a Moscou em dezembro de 1949 e, apesar da recepção fria com que foi acolhido por um Stalin ainda desconfiado, conseguiu negociar um tratado de amizade e aliança com a União Soviética. O tratado sino-soviético obrigava cada uma das potências a socorrer a outra no caso de um ataque de terceiros, servindo como o símbolo talvez mais ameaçador de uma Guerra Fria então firmemente enraizada no solo asiático.

A Guerra Fria chega ao Sudeste Asiático

Assim como a guerra civil chinesa tornou-se inextricavelmente enredada com a Guerra Fria, o mesmo se passou com as lutas de independência no Sudeste Asiático do pós-guerra. Tanto os nacionalistas nativos quanto as potências coloniais europeias procuravam ganhar legitimidade internacional e o necessário apoio externo invocando o conflito Leste-Oeste e assim cobriam suas respectivas causas com as vestimentas da Guerra Fria para angariar apoio material e diplomático de uma ou outra das superpotências. A "globalização" resultante dessas disputas locais estabeleceu um padrão que se tornaria comum por toda a era da Guerra Fria. Nem os Estados Unidos, nem a União Soviética identificavam a princípio interesses vitais no Sudeste Asiático, ou detectavam uma conexão significativa entre as lutas pelo poder local nessa distante região do globo e as contendas diplomáticas muito mais importantes na Europa. Contudo, os desafios apresentados pelas duas áreas não podiam ser tão facilmente separados e, no final da década de 40, coincidentemente com o triunfo comunista chinês, Washington e Moscou passaram a ver o Sudeste Asiático como um outro teatro importante do conflito Leste-Oeste.

Antes da Segunda Guerra Mundial, a União Soviética nunca prestara muita atenção ao Sudeste Asiático. Além disso, foi surpreendentemente lenta para reconhecer as vantagens geopolíticas que poderia colher alinhando-se com insurgências revolucionárias antiocidentais na região, lideradas por comunistas ou não. Washington, como Moscou, deu pouca atenção ao Sudeste Asiático no período imediatamente após a Segunda Guerra Mundial. Passou rapidamente a se despojar de suas possessões coloniais na área, presidindo a transferência disciplinada de soberania para um governo independente e pró-americano nas Filipinas em julho de 1946. Os americanos mantiveram uma presença visível nas ilhas Filipinas, sem dúvida, exigindo em suas bases direitos amplos que ajudaram a assegurar para os militares dos Estados Unidos um formidável poder naval e aéreo que poderia ser estendido por todo o Pacífico. À parte essas bases militares e um desejo geral, ali e em toda parte, de paz, estabilidade e um regime de comércio mais aberto, os interesses americanos no Sudeste Asiático pareciam mínimos.

A administração Truman encorajou britânicos, franceses e holandeses a seguir seu exemplo nas Filipinas, transferindo gradualmente as rédeas da autoridade civil para as elites locais pró-Ocidente, ainda que mantendo algum grau de influência comercial, política e de segurança nas antigas colônias. Essa fórmula parecia aos especialistas americanos a mais adequada para a paz e a prosperidade de longo prazo que os interesses americanos exigiam nessa região e em outras partes. Sob o governo trabalhista progressista do primeiro-ministro Clement Attlee, os britânicos adotaram a mesma fórmula básica, negociando a devolução pacífica do poder na maior parte de suas possessões asiáticas. A Índia e o Paquistão tornaram-se independentes em 1947; a Birmânia e o Ceilão, em 1948. Franceses e holandeses, por outro lado, estavam determinados a recuperar o controle da Indochina e das Índias Orientais, que os japoneses tinham tomado e ocupado durante a guerra. A sua falta de disposição para acatar o que as potências anglo-americanas reconheciam corretamente como uma força histórica irreversível não só causou grande derramamento desnecessário de sangue, como também adicionou uma nítida coloração de Guerra Fria às duas lutas de descolonização mais contenciosas do início da era pós-guerra.

Os Estados Unidos empenharam-se inicialmente em manter uma postura pública de imparcialidade e neutralidade em relação às disputas franco-vietnamita e holandês--indonésia. Esmeraram-se para não hostilizar, na medida do possível, os colonialistas europeus ou os nacionalistas asiáticos, retendo ao mesmo tempo alguma influência sobre cada um dos grupos. Mas a administração Truman, na prática, tendeu para seus aliados europeus desde o início; considerava a França e a Holanda demasiado valiosas na nascente coalizão antissoviética para arriscar contrariá-las fazendo ondular uma bandeira anticolonial. Tanto Ho Chi Minh quanto Sukarno, os líderes respectivos dos movimentos nacionalistas vietnamita e indonésio, solicitaram o apoio americano com base nas promessas dos Estados Unidos durante a guerra, que favoreciam a autodeterminação. Ambos ficaram desapontados quando seus apelos caíram em ouvidos moucos e ressentiram-se do apoio indireto de Washington aos soberanos imperiais que procuravam derrubar.

> **Ho Chi Minh**
>
> O lendário líder nacionalista vietnamita nasceu em 1890 numa família relativamente privilegiada e culta. Não querendo trabalhar para o regime colonial francês, saiu de casa em 1912, acabando por se estabelecer na comunidade de exilados vietnamitas em Paris. Ho ingressou no Partido Comunista francês em 1920, recebeu treinamento ideológico e organizacional na União Soviética, trabalhou como agente da Internacional Comunista (Comintern) durante as décadas de 20 e 30 e fundou o Partido Comunista da Indochina em 1930. Retornando ao Vietnã em 1941, após uma ausência de quase 30 anos, Ho organizou o Viet Minh como uma alternativa nacionalista ao domínio francês e japonês. Em 2 de setembro de 1945, na esteira da rendição japonesa, ele proclamou uma independente República Democrática do Vietnã.

Em 1948-1949, uma série de fatores extrarregionais interligados aumentou as preocupações das autoridades americanas com os assuntos do Sudeste Asiático e o envolvimento americano na região. Os conflitos coloniais que grassavam na Indochina e nas Índias Orientais, junto com uma insurgência liderada pelos comunistas na Malaia britânica, mostraram ser um obstáculo significativo à recuperação da Europa Ocidental. Os produtos primários do Sudeste Asiático tinham contribuído tradicionalmente para a vitalidade econômica e a capacidade de ganhar dólares da Grã-Bretanha, da França e da Holanda. No entanto, as condições agitadas no Sudeste Asiático não só impediam essa contribuição como também absorviam dinheiro, recursos e potencial humano necessários para o Plano Marshall e a incipiente aliança atlântica – as principais prioridades americanas na Guerra Fria. Os especialistas americanos estavam convencidos de que a recuperação japonesa estava sendo igualmente tolhida pela instabilidade política e pela resultante estagnação econômica no Sudeste Asiático. O Japão precisava de mercados ultramarinos para sua sobrevivência econômica. Entretanto, com a consolidação do controle comunista na China, os formuladores das políticas americanas desencorajaram com energia o comércio com a China continental, o maior mercado pré-guerra do Japão, por medo de que as ligações comerciais próximas pudessem unir politicamente Tóquio e Beijing. Os mercados substitutos no Sudeste Asiático pareciam a resposta mais promissora para o dilema da exportação japonesa, mas o tumulto político e econômico da região tinha de ser primeiro abrandado. A emergência de um regime comunista no país mais populoso da Ásia constituía outro fator externo importante a estimular uma postura americana mais ativista no Sudeste Asiático. Os analistas americanos temiam as tendências expansionistas da China; a possibilidade de que pudesse usar o seu poder militar para obter o controle sobre algumas regiões do Sudeste Asiático constituía uma ameaça; a probabilidade de que daria apoio a insurgências revolucionárias, outra.

Em resposta a esses problemas, os Estados Unidos assumiram uma série de novos compromissos com o Sudeste Asiático que visavam simultaneamente a estimular a estabilização política da área e a conter a ameaça chinesa. De modo bastante significativo, os Estados Unidos abandonaram a sua abordagem quase neutra da disputa na Indochina em favor de uma política de apoio manifesto aos franceses, reconhecendo oficialmente, em fevereiro de 1950, o regime marionete instalado pelos franceses e liderado pelo ex-imperador Bao Dai, bem como prometendo apoio militar direto. A administração Truman também aumentou sua ajuda às forças britânicas que combatiam a insurreição comunista na Malaia. Washington prometeu igualmente ajuda econômica e técnica aos governos da Birmânia, da Tailândia, das Filipinas e da Indonésia. Essa última obteve a sua independência em dezembro de 1949, depois de uma luta renhida com os holandeses, em parte também porque os Estados Unidos abandonaram seu status quase neutro na região, embora nesse caso para pressionar um aliado europeu a reconhecer o que parecia ser um movimento nacionalista moderado e certamente não comunista.

Onde os Estados Unidos entreviam perigos, os seus adversários na Guerra Fria percebiam oportunidades. Fortes laços fraternais e interesses paralelos ajudaram a formar uma frente comum entre Mao, Stalin e Ho Chi Minh. Este comunista há três décadas com uma longa folha de serviço na Internacional Comunista, além de um patriota vietnamita de credenciais impecáveis, fez uma viagem secreta a Beijing, em janeiro de 1950, para obter reconhecimento diplomático e apoio material dos novos governantes da China. No mês seguinte, viajou para a União Soviética e pediu pessoalmente a Stalin apoio para sua causa – e também a Mao, que estava em Moscou naquela data elaborando o que se tornou o tratado de aliança sino-soviética. Os esforços de Ho tiveram sucesso. No início de 1950, tanto Moscou quanto Beijing ofereceram um reconhecimento diplomático formal à novata República Democrática do Vietnã; pouco depois, Mao autorizou o fornecimento de equipamento e treinamento militar para os combatentes do Viet Minh. O líder chinês acreditava que, fortalecendo os comunistas vietnamitas, poderia ajudar a salvaguardar a fronteira sul da China, diminuir a ameaça representada pelos Estados Unidos e seus aliados e reivindicar um papel central na luta anti-imperialista na Ásia. Mao criou um Grupo Consultivo Militar Chinês, que enviou ao norte do Vietnã para ajudar a organizar a resistência do Viet Minh aos franceses e transmitir conhecimentos para a estratégia militar global desse movimento. O interesse de Mao na causa do Viet Minh e seu apoio ao grupo aumentaram depois da deflagração da guerra na península da Coreia em junho de 1950, assim como o interesse dos Estados Unidos nas lutas da região e seu apoio à campanha militar francesa intensificaram-se com o início do conflito coreano.

A guerra chega à Coreia

Nas primeiras horas da manhã de 25 de junho de 1950, uma força de ataque de quase 100.000 norte-coreanos, armados com mais de 1.400 dispositivos de artilharia e acompanhados por 126 tanques, cruzou o paralelo 38º e entrou na

Coreia do Sul. A invasão inesperada deu início a uma nova fase muito mais perigosa da Guerra Fria, não só na Ásia, mas em todo o globo. Certa de que o ataque só poderia ter ocorrido com o apoio da União Soviética e da China – uma avaliação correta, como confirmam as evidências agora disponíveis – e convencida de que anunciava uma ofensiva global mais agressiva e mais ousada das potências comunistas, a administração Truman reagiu com vigor. Enviou imediatamente forças americanas navais e aéreas para a Coreia a fim de deter o avanço norte-coreano e fortalecer as defesas sul-coreanas. Quando essa intervenção inicial mostrou-se insuficiente, o governo americano enviou tropas de combate, que se tornaram parte de uma força internacional devido à condenação da invasão norte-coreana na ONU. "O ataque à Coreia deixa claro e sem sombra de dúvida", declarou Truman num discurso de 27 de junho ao povo americano, "que o comunismo foi além do uso da subversão para conquistar nações independentes e vai empregar invasões armadas e guerra." Ele também revelou, no mesmo discurso, que estava mandando a Sétima Frota americana para o estreito de Taiwan e mais ajuda para os franceses na Indochina e acelerando o envio de ajuda adicional para o governo filipino pró-americano que combatia a insurgência radical Huk. Por trás dessas quatro intervenções – na Coreia, na China, na Indochina e nas Filipinas – estava a percepção americana de que uma ameaça unificada de proporções formidáveis vinha sendo montada contra os interesses ocidentais por um movimento comunista mundial hostil e recentemente agressivo sob a liderança da União Soviética e de seu parceiro júnior chinês.

  É difícil exagerar o impacto da Guerra da Coreia na Guerra Fria. A luta coreana não só provocou uma intensificação e uma expansão geográfica da Guerra Fria, deixou clara a ameaça de um conflito mais amplo dos Estados Unidos com as potências comunistas e fomentou mais hostilidades Leste-Oeste, como também incitou um imenso crescimento nos gastos de defesa americanos e, de forma mais ampla, a militarização e a globalização da política externa americana. Indo além da Ásia, o conflito na Coreia também acelerou o fortalecimento da OTAN, o armamento da Alemanha e o posicionamento das tropas americanas em solo europeu. "Foi a Guerra da Coreia, e não a Segunda Guerra Mundial, que transformou os Estados Unidos numa potência político-militar mundial", declarou o diplomata Charles Bohlen. Warren I. Cohen a caracteriza como "uma guerra que alteraria a natureza do confronto soviético-americano, mudando-o de uma competição política sistêmica para uma disputa militarizada e ideologicamente insuflada que ameaçava a própria sobrevivência do globo".

Entretanto, como Cohen também observa, "que uma guerra civil na Coreia tenha propiciado o ponto crítico decisivo nas relações soviético-americanas no pós-guerra e criado a possibilidade de uma guerra mundial parece, em retrospectiva, nada menos que bizarro". Certamente, no período subsequente à Segunda Guerra Mundial, poucos lugares pareciam menos propensos a emergir como um ponto focal de grande disputa pelo poder. Ocupada e governada pelo Japão como uma colônia desde 1910, a Coreia figurava nos conselhos do tempo de guerra apenas como mais um território secundário e obscuro, cuja disposição futura recaía nos ombros já sobrecarregados dos Aliados. Na Conferência Potsdam, americanos e soviéticos concordaram em partilhar as responsabilidades da ocupação na região, dividindo temporariamente o país no paralelo 38º; concordaram também em trabalhar para o estabelecimento de uma Coreia independente e unificada o mais cedo possível. Em dezembro de 1945, num encontro de ministros das Relações Exteriores em Moscou, os soviéticos aceitaram a proposta americana de estabelecer uma comissão soviético-americana conjunta para preparar a eleição de um governo coreano provisório como o primeiro passo em direção à plena independência. Contudo, esse plano logo foi vencido pelas tensões maiores da Guerra Fria que militavam contra qualquer cooperação ou compromisso significativo entre Moscou e Washington. Em 1948, as divisões da ocupação haviam se tornado, ao contrário, mais rígidas. Ao norte, um regime pró-soviético sob a liderança do ex-combatente antijaponês Kim Il-sung adotou todo o aparato de um regime independente. O mesmo fez o seu equivalente no sul: um regime pró-americano encabeçado pelo violentamente anticomunista Syngman Rhee, um nacionalista coreano de longa data. Cada lado entrechocava seus sabres com os do outro; nem os norte-coreanos nem os sul-coreanos podiam aceitar uma divisão permanente de sua terra natal.

Em 1948, a administração Truman, procurando desvencilhar-se delicadamente de seu compromisso coreano, começou a retirar as forças militares americanas da península. Os planejadores da defesa americana acreditavam não só que os efetivos americanos tinham se espalhado demais por todo o mundo, necessitando desse recuo, mas também que a Coreia apresentava, de fato, um valor estratégico mínimo. A invasão norte-coreana dois anos mais tarde trouxe um cálculo diferente para o primeiro plano. Embora sem ter talvez grande valor estratégico intrínseco, a Coreia era um símbolo de grande força, especialmente em vista do papel dos Estados Unidos como gerador e protetor do regime de Seul. Além disso, o ataque norte-coreano, sancionado e apoiado pela União Soviética e pela China, ameaçava a credibilidade dos Estados Unidos como uma potência regional e global com a mesma intensidade com que ameaçava a sobrevivência do governo sul-coreano. Para Truman, Acheson e outros estrategistas, o que estava em jogo na Coreia parecia enorme. Consequentemente, sem que nenhuma voz dissidente tivesse protestado, o presidente logo autorizou a intervenção militar americana. "Se os Estados Unidos se rendem à força da agressão", declarou Truman em público em 30 de novembro, "nenhuma nação está a salvo e segura. Se a agressão for bem-sucedida na Coreia, podemos esperar que se espalhe por toda a Ásia e Europa até este hemisfério. Estamos combatendo na Coreia pela nossa própria segurança e sobrevivência nacional."

Essa afirmação foi proferida logo depois da entrada das forças "voluntárias" comunistas chinesas na luta, um desenvolvimento que mudou o caráter do conflito coreano – e, poder-se-ia dizer, também da Guerra Fria. Truman e seus conselheiros militares tornaram-se demasiado confiantes depois que MacArthur mudou a tendência da batalha em setembro de 1950, flanqueando os norte-coreanos com seu lendário desembarque em Inchon. As forças da ONU sob seu comando entraram no território norte-coreano em 7 de outubro; em 25 de outubro, algumas unidades de vanguarda chegaram ao rio Yalu, ao longo da fronteira norte-coreana--chinesa. À medida que se aproximavam passo a passo do território chinês, Mao informou Stalin de que havia decidido enviar tropas chinesas para cruzar o Yalu. "A razão",

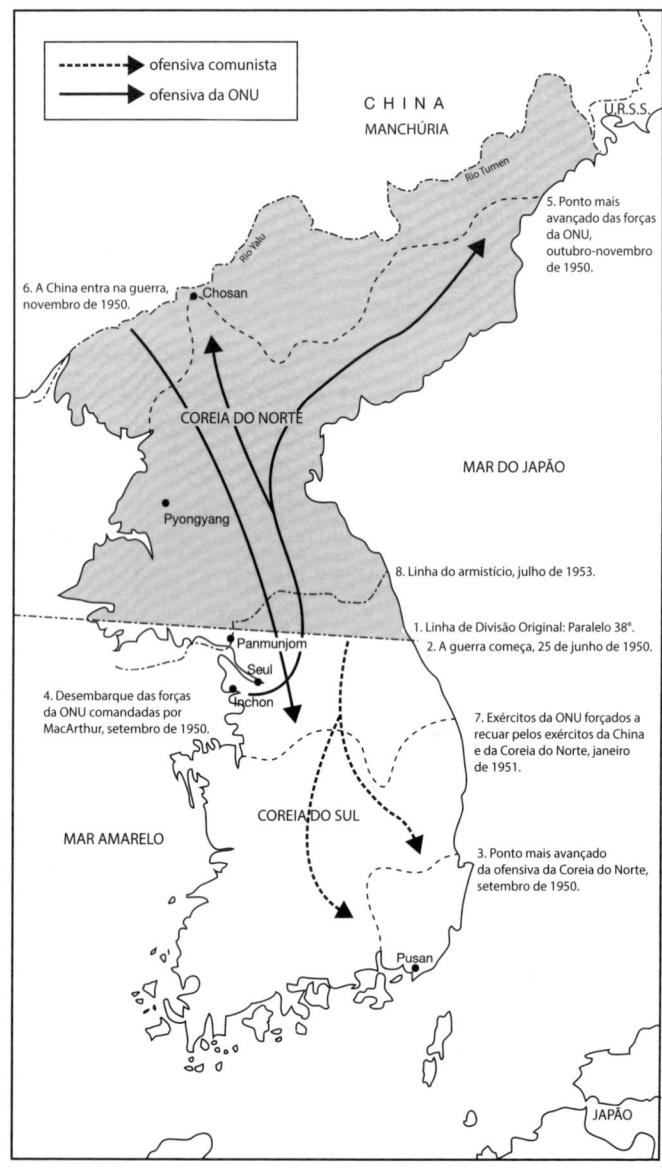

Mapa II. A Guerra da Coreia, 1950-1953.

explicou, "é que, se permitirmos que os Estados Unidos ocupem toda a Coreia e que a força revolucionária coreana sofra uma derrota fundamental, os americanos avançarão desenfreadamente em detrimento de todo o Oriente." Mao também via amplas implicações regionais e globais no desfecho coreano. MacArthur, que havia tão descuidadamente subestimado a ameaça militar chinesa e cujas forças já estavam quase totalmente expulsas da Coreia do Norte no fim de novembro, informou à Junta de Chefes de Estado-Maior: "Enfrentamos uma guerra inteiramente nova".

O mundo também enfrentava uma Guerra Fria inteiramente nova, uma guerra cujas fronteiras estendiam-se bem além da Europa. O surgimento do regime de Mao na China, a aliança sino-soviética, o apoio soviético e chinês à temeridade norte-coreana, a intervenção das forças dos Estados Unidos e da ONU na Coreia, a subsequente entrada das tropas chinesas, a presença de elementos comunistas nos movimentos nacionalistas no Sudeste Asiático – tudo confirmava que a Guerra Fria continuaria a ser uma presença dominante na Ásia do pós-guerra ainda por muito tempo. A própria Guerra da Coreia arrastou-se inconclusivamente até julho de 1953, quando os adversários em guerra assinaram um armistício que não conseguiu realizar mais do que uma troca de prisioneiros de guerra e o retorno ao *status quo ante bellum*. O paralelo 38º continuou a ser uma linha divisória ameaçadora – não apenas entre a Coreia do Norte e a do Sul, mas também entre os blocos oriental e ocidental.

Capítulo 4

Uma Guerra Fria global: 1950-1958

Com o conflito coreano, a Guerra Fria passou a ser cada vez mais um conflito de âmbito global. Na década que se seguiu ao início dos combates na Coreia, poucas regiões do mundo conseguiram escapar da teia traiçoeira da rivalidade, da competição e do conflito das superpotências. Na verdade, os principais pontos explosivos das décadas de 50 e 60 – Irã, Guatemala, Indochina, estreito de Taiwan, Suez, Líbano, Indonésia, Cuba e Congo – estavam bem além das fronteiras originais da Guerra Fria. Somente Berlim, cujo status contestado desencadeou as crises soviético-americanas em 1958 e novamente em 1961-1962, pertence à série de disputas imediatamente após a Segunda Guerra Mundial, que foram as primeiras a precipitar a ruptura Leste-Oeste.

Durante esse período, a Guerra Fria moveu-se essencialmente do centro do sistema internacional para a sua periferia. Tanto os americanos quanto os soviéticos identificavam interesses estratégicos, econômicos e psicológicos cruciais nas áreas em desenvolvimento da Ásia, do Oriente Médio, da América Latina e da África, procurando obter recursos, bases, aliados e influência nessas regiões. Na década de 50, essas áreas haviam aparecido no próprio núcleo da luta soviético-americana, uma posição que conservariam durante todo o desenrolar das décadas de 60, 70 e 80. A divisão Leste-Oeste na Europa, em contraposição, alcançou um grau extraordinário de estabilidade; a própria ideia de um conflito militar na região tornou-se cada vez mais intolerável para os líderes soviéticos e americanos, que reconheciam que qualquer grande confronto no centro se tornaria, com quase toda a certeza, nuclear. É particularmente revelador que quase todas as guerras que irromperam durante a era da Guerra Fria tenham sido pelejadas no solo do Terceiro Mundo – e que quase 200.000 dos estimados 20 milhões de pessoas que morreram em guerras travadas entre 1945 e 1990 tenham sido abatidos em conflitos que se alastraram por várias partes do mundo em desenvolvimento.

Contudo, uma temível corrida armamentista nuclear entre os Estados Unidos e a União Soviética também ganhou impulso na segunda década da Guerra Fria, despertando o espectro de um erro de cálculo ou de uma escalada incontrolável que poderia resultar em uma devastação estarrecedora e na perda de incontáveis milhões de vidas. Esses temas – a expansão da Guerra Fria para a periferia, a obtenção de uma relativa paz e estabilidade na Europa e a constante estocagem de arsenais nucleares em ambos os lados – constituem os principais destaques deste capítulo.

Estabilizando as relações Leste-Oeste

Embora tenha incitado a militarização e a globalização da Guerra Fria, a Guerra da Coreia também pôs em movimento, ironicamente, forças que ajudaram a estabilizar as relações dos Estados Unidos e da União Soviética ao institucionalizarem a divisão Leste-Oeste da Europa de um modo que diminuía a probabilidade de guerra entre as superpotências. Convencidos, na esteira do ataque norte-coreano, de que agora enfrentavam um inimigo mais agressivo e mais perigosamente oportunista, e preocupados cada vez mais com a vulnerabilidade da Europa Ocidental a uma investida militar soviética, os formuladores das políticas americanas redobraram seus esforços para fortalecer a OTAN. No final de 1950, Truman havia enviado quatro divisões americanas para a Europa, a despeito de uma oposição significativa de republicanos proeminentes na Câmara de Deputados e no Senado; havia iniciado a transformação da OTAN numa verdadeira aliança militar com uma estrutura de comando integrada; havia nomeado o popular general Dwight D. Eisenhower da Segunda Guerra Mundial como primeiro comandante supremo da OTAN; e havia iniciado planos para o rearmamento da Alemanha.

O rearmamento da Alemanha Ocidental era a mais alta prioridade da administração Truman. Os estrategistas americanos consideravam o efetivo alemão essencial para a defesa da Europa; eles também acreditavam ser necessária uma Alemanha rearmada, com a soberania plenamente restaurada, para manter a República Federal na órbita ocidental e para sustentar o governo do chanceler pró-americano Konrad Adenauer. Porém, o espectro de uma Alemanha ressuscitada militarmente logo depois da morte de um regime que havia gerado horrores sem paralelo na Europa aterrorizava a França e outros aliados europeus. Para acalmar esses seus receios, os Estados Unidos concordaram com o conceito de uma Comunidade Europeia de Defesa (CED), apresentado primeiro pelos franceses, que propunha uma série intrincada de arranjos que permitiriam a formação de forças militares limitadas na Alemanha Ocidental, a serem depois incorporadas em um exército mais amplo da Europa Ocidental.

Os soviéticos tentaram em vão desarticular o processo do rearmamento alemão, apresentando aos aliados ocidentais, na primavera de 1952, um conjunto de notas diplomáticas que exigiam o estabelecimento de uma Alemanha unificada e neutralizada. Uma vez mais, a perspectiva de uma Alemanha ressurgente, com seu latente poder econômico-militar cooptado e guarnecido pelo Ocidente, assombrava Stalin e o Politburo Soviético, incitando-os a encontrar uma solução menos ameaçadora, mesmo que ainda arriscada, para o problema alemão. No entanto, Washington descartou a *démarche* de Moscou imediatamente. Uma Alemanha unificada e neutralizada representava um pesadelo estratégico para os Estados Unidos; pois poderia inclinar-se com o tempo para a esfera soviética, perturbando com isso o equilíbrio de poder na Europa. Era precisamente o que a administração Truman estava determinada a impedir. Os soviéticos logo se resignaram ao *fait accompli* de uma Alemanha permanentemente dividida e tomaram providências, em resposta, que resultaram em seu reconhecimento da Alemanha Oriental, a assim chamada República Democrática Alemã, como um Estado soberano em março de 1954. Stalin e seus sucessores reconheciam que a integração de uma Alemanha Ocidental soberana e rearmada na esfera liderada pelos Estados Unidos inclinaria a balança do poder econômico e militar significativamente para o Ocidente; mas também percebiam que tal resultado tinha ao menos riscos menores que o de um Estado alemão reunido e autônomo, emergindo mais uma vez como uma influência estabilizadora na política europeia e uma potencial futura ameaça para a segurança soviética.

Desenvolveu-se realmente uma convergência surpreendente no pensamento dos estrategistas soviéticos e ocidentais em relação à questão alemã no início e em meados da década de 50, uma convergência que facilitou a estabilização da Europa e permitiu uma redução modesta nas tensões Leste-Oeste. Como ministro das Relações Exteriores britânico, Selwyn Lloyd disse em privado em junho de 1953: "Unir a Alemanha enquanto a Europa está dividida é, ainda que prática, uma ação carregada de perigo para todos. Portanto, todos – o Dr. Adenauer, os russos, os americanos, os franceses e nós próprios – sentimos no fundo de nossos corações que uma Alemanha dividida é mais segura por enquanto. Mas nenhum de nós ousa declarar isso em público por causa do efeito sobre a opinião pública alemã. Portanto, todos apoiamos em público uma Alemanha unida, cada um em seus próprios termos".

Quando a Assembleia Francesa rejeitou o tratado da Comunidade Europeia de Defesa (CED), no verão de 1954, os britânicos traçaram prontamente um meio alternativo de realizar a meta de uma Alemanha Ocidental remilitarizada e reintegrada. O seu plano, para o qual contribuiu a administração Dwight D. Eisenhower, requeria a utilização da OTAN como uma estrutura coerciva dentro da qual o rearmamento alemão deveria ocorrer. Mais tarde naquele ano, durante uma conferência repleta de pompas em Paris, as potências da OTAN concordaram com essa nova fórmula de rearmar a Alemanha Ocidental, restaurando a sua soberania e pondo fim à ocupação americano-britânico-francesa. Em maio de 1955, uma República Federal da Alemanha plenamente soberana ingressou na OTAN.

Apesar de vários solavancos ao longo do caminho, os Estados Unidos realizaram os seus objetivos centrais de política europeia com a negociação dos acordos contratuais alemães, assegurando uma OTAN fortalecida e revigorada junto com uma Alemanha Ocidental soberana e rearmada. Tinham conseguido estimular também uma conciliação entre Paris e Bonn, além de promover uma Europa Ocidental mais politicamente integrada e economicamente vibrante. "O projeto americano consistia em criar uma Europa próspera e não comunista", observa o historiador Melvyn P. Leffler. "O seu objetivo era frustrar qualquer tentativa do Kremlin no sentido de apoderar-se da Europa Ocidental em tempo de guerra, intimidá-la em tempo de paz, ou atrair a Alemanha Ocidental para a sua órbita em qualquer época." Quase exatamente dez anos depois do fim da guerra na Europa, esse objetivo essencial parecia próximo de ser realizado.

No início de 1953, ocorreram as primeiras mudanças de liderança desde o começo da Guerra Fria tanto em Washington quanto em Moscou. Porém, os novos homens nos altos postos pouco fizeram para diminuir a desconfiança e as suspeitas mútuas que existiam no cerne do impasse das superpotências. Eisenhower e seu principal conselheiro de política externa, o secretário de Estado John Foster Dulles, estavam de fato determinados a prosseguir com a Guerra Fria até com mais vigor do que seus predecessores democráticos. A plataforma do Partido Republicano de 1952, numa passagem escrita por Dulles, atacava os "trágicos erros crassos" dos Democratas na política externa e condenava a estratégia de contenção da administração Truman como uma política "negativa, vã e imoral" que "abandona inúmeros seres humanos a um comunismo despótico e sem Deus". Nem mesmo a morte de Stalin em março de 1953 e as vagas propostas de paz apresentadas pela liderança coletiva que havia substituído o ditador russo há tanto tempo no poder abalaram a convicção de Eisenhower e de seus principais estrategistas de que enfrentavam um inimigo implacável e tortuoso. Estavam certos de que a União Soviética representava uma ameaça militar, política e ideológica de primeira ordem; era um adversário que parecia impermeável às tradicionais negociações diplomáticas e assim só podia ser tratado a partir de uma posição de força esmagadora. "Este é um conflito inconciliável", Dulles declarou ao Comitê de Relações Exteriores do Senado durante sua audiência de confirmação. O venerável Winston Churchill, servindo mais uma vez como primeiro-ministro da Grã-Bretanha, solicitou um encontro de cúpula para testar a possibilidade de um compromisso diplomático com Moscou, mas Eisenhower rejeitou o pedido, julgando-o em caráter reservado como uma guinada tolamente prematura na direção do apaziguamento.

Por sua parte, os novos governantes soviéticos reagiram ao rearmamento da Alemanha e ao fortalecimento da OTAN consolidando o seu próprio domínio sobre a Europa Oriental. A irrupção de amplas greves, passeatas de protesto e outras formas de resistência ao domínio soviético na Alemanha Oriental em junho de 1953, somada ao caminho cada vez mais independente aberto por Joseph Broz Tito na Iugoslávia, deixava clara a fragilidade do controle de Moscou sobre sua suposta esfera de influência. Em 14 de maio de 1955, os soviéticos formalizaram os laços de segurança com seus "aliados" europeus orientais – República Democrática Alemã, Polônia, Hungria, Tchecoslováquia, Romênia, Bulgária e Albânia – com a criação do Pacto de Varsóvia. Uma aliança militar frouxa mais bem compreendida como uma reação defensiva às iniciativas do Ocidente na Alemanha e da OTAN, o Pacto de Varsóvia simbolizava o endurecimento das linhas de divisão do continente. Apenas um dia depois, os soviéticos juntaram-se aos aliados para assinar um tratado de paz com a Áustria, o qual permitia o término da ocupação aliada naquele país em troca da criação de um Estado soberano e neutro. Moscou também ofereceu ao Ocidente novas propostas para deter a corrida armamentista, procurou alcançar um *modus vivendi* com a Iugoslávia e lançou uma série de iniciativas diplomáticas audaciosas no Terceiro Mundo.

Essas iniciativas, empreendidas pelo turbulento mas flexível Nikita S. Kruschev, o chefe do Partido Comunista que havia surgido como figura dominante no período pós-stalinista, ajudaram a facilitar o encontro de cúpula há muito desejado por Churchill. Em julho de 1955, os chefes de governo soviético, americano-britânico e francês encontraram-se em Genebra, o primeiro desses encontros desde a Conferência Potsdam realizada uma década antes. Embora não tivessem ocorrido avanços a respeito da Alemanha, do desarmamento ou de qualquer outra questão importante em disputa, o próprio fato de que a conferência tivesse sido realizada parecia anunciar o surgimento de um capítulo cooperativo e conciliatório nas relações Leste-Oeste. Em sentido mais amplo, a Conferência de Genebra confirmou o reconhecimento tácito do status quo existente na Europa por ambos os lados – junto com a compreensão implícita de que nenhum deles arriscaria declarar guerra para derrubá-lo. Significativamente, dois meses depois do término da conferência, Moscou estendeu o reconhecimento diplomático para a Alemanha Ocidental.

Em um discurso relevante no Vigésimo Congresso do Partido, realizado em Moscou em fevereiro de 1956,

Kruschev denunciou asperamente os crimes domésticos e os erros da política externa de Stalin. O discurso secreto de quatro horas do líder soviético requeria uma "coexistência pacífica" com as potências capitalistas e admitia que havia caminhos diferentes para o socialismo. O discurso, cujo conteúdo logo foi amplamente disseminado, chocou tanto os comunistas quanto os não comunistas. Os futuros reformistas da Europa Oriental ficaram animados com a perspectiva de um afrouxamento do domínio soviético. Intelectuais, estudantes e trabalhadores logo testaram os limites da tolerância do Kremlin em relação à diversidade e à independência nacional. Em junho, disputas trabalhistas numa Polônia há tanto tempo em turbulência logo se transformaram em expressões de franca resistência à União Soviética. Depois de usar o Exército Vermelho para sufocar os tumultos nacionalistas em Varsóvia, Kruschev inverteu seu curso de ação e consentiu que o ex-primeiro-ministro Wladyslaw Gomulka, um reformista que fora demitido num expurgo stalinista, fosse empossado como o novo presidente do Partido Comunista Polonês.

Uma agitação semelhante na Hungria teve resultado mais trágico. Em 23 de outubro, passeatas lideradas por estudantes em todo o país cresceram progressivamente até o nível de uma franca insurreição contra a presença militar soviética. Quando, no final do mês, o governo reformista de Imre Nagy anunciou a decisão húngara de abandonar o Pacto de Varsóvia, declarando-se uma nação neutralista e solicitando apoio da ONU, Kruschev chegou aos limites de sua tolerância em relação a mudanças políticas na Europa Oriental. Não fazer nada, ruminou o líder soviético em caráter reservado, "será um grande estímulo para os americanos,

os ingleses e os franceses". A simultânea invasão anglo-
-francesa do Egito em 31 de outubro, junto com a campanha
de reeleição de Eisenhower, entrando então em seus últimos
dias, proporcionou ao líder russo o que ele via como um
"momento favorável" para usar a força militar. Consequentemente, em 4 de novembro, 200.000 soldados soviéticos e

4. Húngaros protestam contra a União Soviética em novembro de 1956.

do Pacto de Varsóvia, apoiados por 5.500 tanques, passaram a reprimir os rebeldes húngaros com uma força esmagadora. O embate desigual que se seguiu causou a morte de aproximadamente 20.000 húngaros e 3.000 soviéticos. Em 8 de novembro, a rebelião havia sido esmagada. A administração Eisenhower, cujos programas provocantes e de retórica pró-libertação na Rádio Europa Livre tinham contribuído consideravelmente para estimular a resistência antissoviética, pouco pôde fazer a não ser torcer as mãos diante da brutalidade russa. Sem dúvida, os americanos não estavam mais dispostos a tentar uma conflagração global por causa de acontecimentos na esfera de influência soviética do que os soviéticos em reação aos desenvolvimentos na Europa Ocidental. Em meados da década de 50, estava surgindo na Europa uma forma de ordem das grandes potências; poucos estudiosos têm empregado o termo "Longa Paz" para caracterizar a Europa pós-Segunda Guerra Mundial. Para alguns, porém, como os húngaros aprenderam dolorosamente, essa ordem teve um preço muito alto.

Tumulto no Terceiro Mundo

Por vários motivos, as nações em desenvolvimento do Terceiro Mundo, a maioria mal saindo depois de décadas, se não séculos, do domínio colonial ocidental, tornaram-se um ponto focal da competição soviético-americana durante a década de 50. Neste livro, uso o termo *Terceiro Mundo*, como era comumente usado na época da Guerra Fria, para indicar a maior parte das nações e povos da Ásia, África e América Latina. O termo originou-se da ideia em voga na época de que esta enorme área geográfica existia de forma apartada do Primeiro Mundo (os Estados Unidos e seus principais aliados na Europa) e do Segundo Mundo (o bloco soviético), tanto do ponto de vista econômico como político. Estudiosos e autoridades públicas também usavam com frequência o termo *mundo em desenvolvimento* como uma espécie de substituto para *Terceiro Mundo* (e também o mais pejorativo "mundo subdesenvolvido"). Desde o fim da Guerra Fria, estudiosos e jornalistas têm empregado cada vez mais o termo "sul global" para designar esta parte do mundo. Decidi usar o termo *Terceiro Mundo*, *mundo em desenvolvimento* e *sul global* de forma intercambiável neste livro.

"O que estava em jogo no Terceiro Mundo", defende o cientista político Robert Jervis, "era nada menos do que a visão de cada lado da retidão de sua própria causa, da universalidade de seus valores e a resposta à pergunta quanto de que lado estava a história." No sentido mais amplo, Washington e Moscou viam o ritmo e a direção das mudanças no sul global como confirmação, nas palavras do historiador Odd Arne Westad, da "aplicabilidade universal de suas respectivas ideologias [...] Cada um deles enxergava uma missão em e para o Terceiro Mundo que apenas seu próprio Estado poderia levar a cabo". Mais concretamente, os planejadores da segurança nacional americanos reconheciam que os recursos e os mercados das áreas do Terceiro Mundo eram essenciais para a saúde da economia capitalista mundial, as recuperações econômicas da Europa Ocidental e do Japão, assim como as próprias necessidades comerciais e militares dos Estados Unidos. O Ocidente, de fato, tirava grande parte de sua vitalidade econômico-militar de suas ligações com o mundo em desenvolvimento; a importância crucial do petróleo do Oriente Médio para as necessidades da Europa Ocidental em tempo de paz e para as exigências da OTAN em tempo de guerra é apenas o exemplo mais óbvio disso. Os soviéticos, especialmente depois da morte do doutrinário Stalin e da ascensão ao poder de um Kruschev com mais habilidade diplomática, faziam uma campanha concertada para angariar amigos e aliados entre as nações não comprometidas do Terceiro Mundo a fim de diluir esse aspecto da força ocidental. Utilizando a diplomacia, o comércio e generosos empréstimos de desenvolvimento, o Kremlin procurava obter influência e acesso a recursos e bases, especialmente entre as nações afro-asiáticas, enquanto enfraquecia o domínio do Ocidente. O modelo de desenvolvimento marxista-leninista agradava a muitos intelectuais e líderes políticos do Terceiro Mundo, que ficavam impressionados com o salto da União Soviética, do atraso para o status de um gigante militar-industrial, no intervalo de apenas uma geração.

Esse fato facilitava a campanha do Kremlin para obter amigos e apoio, tanto quanto a nódoa de imperialismo, racismo, arrogância e contínuo controle dos recursos nativos pelo Ocidente complicava a tarefa dos diplomatas americanos. Os formuladores das políticas americanas convenceram-se, durante a década de 50, de que o resultado da luta pela periferia bem que poderia inclinar a balança do poder global para – ou contra – o Ocidente. A campanha soviética "muito ampliada" no mundo em desenvolvimento, anunciou o secretário de Estado Dean Rusk ao Senado em fevereiro de 1961, demonstrava que o conflito soviético--americano havia se deslocado "do problema militar na Europa Ocidental para uma genuína competição pelos países em desenvolvimento". Ele alertou que "agora se torna parte nas batalhas pela África, pela América Latina, pelo Oriente Médio [e] pela Ásia, inicialmente não em um campo de batalha militar, mas em busca de influência, prestígio, lealdade e assim por diante, e o valor do que está ali em jogo é muito alto".

A crise iraniana de 1951-1953 abrange quase todos esses temas maiores. Nasceu da luta entre um regime nacionalista nativo determinado a recuperar o controle sobre sua economia e uma potência ocidental avessa a renegociar os termos de uma concessão de petróleo altamente lucrativa. O ardente líder nacionalista Mohammed Mossadeq precipitou a crise quando nacionalizou os campos de petróleo e as refinarias da Companhia de Petróleo Anglo-Iraniana (AIOC) na primavera de 1951. O primeiro-ministro iraniano procurava arrancar lucros maiores para a sua nação das vastas reservas de petróleo que constituíam o recurso mais valioso do Irã, um recurso que havia sido monopolizado por muito tempo pela gigantesca AIOC pertencente aos britânicos. A recusa inflexível da Grã-Bretanha a negociar de boa-fé com o governo de Mossadeq e o fato de os britânicos terem então recorrido a um boicote do petróleo iraniano produziram tensões crescentes que logo assumiram fortes conotações de Guerra Fria. Embora simpatizando a princípio com o que também viam como um desafio indesejado de um regime arrivista do Terceiro Mundo às regras não escritas que tinham regido por tanto tempo os arranjos comerciais entre as nações industrializadas e as menos desenvolvidas, os Estados Unidos avistavam uma ameaça muito mais séria no vizinho oportunista do Irã ao norte. A administração Truman ofereceu os seus préstimos de mediadora sobretudo porque temia um confronto desestabilizador que os soviéticos saberiam certamente aproveitar. No entanto, a recusa britânica a buscar um acordo embotou os esforços de mediação americanos e incitou Mossadeq a acolher de bom grado a ajuda soviética e a procurar apoio interno no Partido Tudeh pró-soviético. Em resposta, a administração Eisenhower lançou com os britânicos uma operação secreta que ajudou a derrubar Mossadeq, reconduzindo ao poder o xá pró-ocidental do Irã, Mohammed Reza Pahlavi, como autocrata régio.

Embora as origens da disputa anglo-iraniana não tivessem nada a ver com a Guerra Fria, era o medo americano da temeridade soviética – embora exagerado – que impulsionava a política americana. Por trás de sua intervenção secreta nas relações iranianas, estavam as duas preocupações centrais da política americana para o Oriente Médio durante o início da Guerra Fria: a determinação de conter a União Soviética, e assim negar-lhe influência sobre os Estados pós-coloniais emergentes da região, e a determinação de proteger o acesso da Europa Ocidental aos suprimentos vitais de petróleo. "Um suprimento adequado de petróleo para a Europa Ocidental tem uma prioridade tão alta quanto a de um suprimento adequado para nós próprios", observou Eisenhower a um conselheiro após a queda de Mossadeq. "O Ocidente deve reter, por autopreservação, o acesso ao petróleo do Oriente Médio."

Uma segunda disputa com pesadas conotações neocoloniais, ocorrida entre a Grã-Bretanha e o Egito sobre quem controlaria o gigantesco complexo militar Cairo-Suez, também perturbou os esforços americanos para forjar um Oriente Médio estável e pró-ocidental. Causou indiretamente o incidente internacional mais sério da década, a Crise de

Suez de 1956. As raízes dessa crise estão na recusa do Egito a ingressar em qualquer uma das organizações de defesa antissoviéticas que americanos e britânicos procuravam reunir no início e em meados da década de 1950. A amargura gerada pela disputa com Londres deixava os egípcios pouco dispostos a cooperar com um Ocidente que eles associavam a maquinações imperiais constantes. Com o Egito e a maioria dos outros principais Estados árabes recusando-se a entrar num acordo de segurança coletiva com as potências ocidentais, os americanos e os britânicos gravitaram para o conceito alternativo "northern tier" ["bloco norte"]. Em fevereiro de 1955, consequentemente, a Grã-Bretanha, a Turquia, o Paquistão, o Irã e o Iraque assinaram o Pacto de Bagdá, um acordo vago de segurança mútua que tinha o objetivo de estender o escudo de contenção para o Oriente Médio. Embora a pressão americana, junto com promessas de liberalidade militar e econômica, fosse instrumental nas negociações que conduziram ao acordo, Washington optou por não participar de maneira direta para evitar se indispor indevidamente com os Estados árabes com os quais ainda cultivava relações amistosas.

Contudo, essa iniciativa acabou estimulando a própria instabilidade regional que procurava abrandar. A criação do Pacto de Bagdá pareceu ao homem forte nacionalista do Egito, Gamal Abdel Nasser, um ato de franca hostilidade, uma vez que o conservador Iraque, o único signatário árabe do pacto, era o tradicional rival do Egito no mundo árabe. No outono de 1955, Nasser assinou uma transação de armas com a Tchecoslováquia para se opor a um Iraque então apoiado militarmente por sua associação formal com o grupo de Bagdá patrocinado pelo Ocidente. Alarmada pela aparente inclinação do Egito na direção do campo soviético, a administração Eisenhower, em dezembro de 1955, ofereceu um incentivo: financiamento generoso para o projeto da Represa de Assuã, o empreendimento central dos ambiciosos planos de desenvolvimento do Egito. Todavia, o apoio do Egito às incursões dos comandos em Israel, a sua constante linha neutralista na política externa e o seu reconhecimento da República Popular da China em maio de 1956 despertaram a ira americana. Em 19 de julho de 1956, o secretário de Estado Dulles anunciou abruptamente que os Estados Unidos estavam rescindindo a sua oferta de financiar a Represa de Assuã. "Que morram sufocados por sua fúria", berrou zangado um Nasser desafiador aos

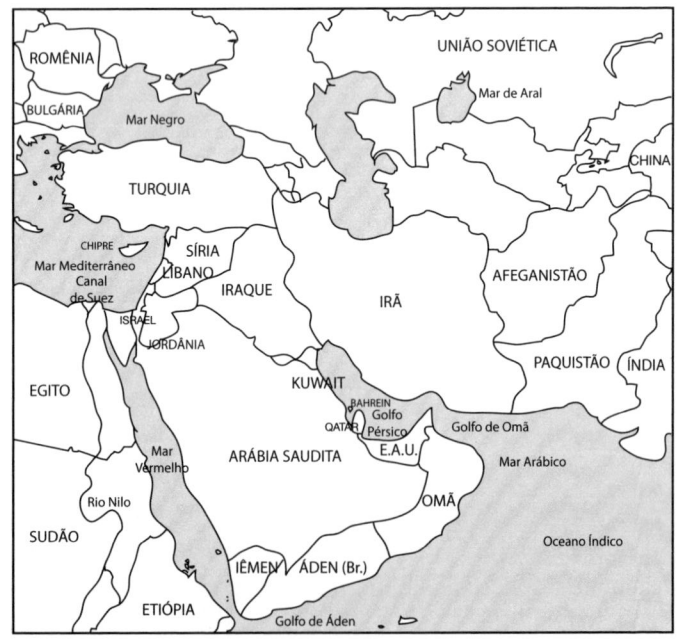

Mapa III. O Oriente Médio em 1956.

Estados Unidos. O presidente do Banco Mundial, Eugene Black, alertou Dulles de que "o inferno poderia se abrir".

Em 26 de julho, Nasser provou que Black fora clarividente. Em um lance ousado e inteiramente inesperado, ele nacionalizou a Companhia Canal de Suez, uma empresa anglo-francesa, prometendo operar o vital canal internacional com eficiência e usar a receita gerada para financiar o seu projeto de alta prioridade da construção da represa. Depois de negociações desconexas, em que Dulles operou assiduamente para encontrar uma alternativa ao conflito manifesto, uma conspiração entre Grã-Bretanha, França e Israel resultou numa ação militar conjunta contra o Egito no fim de outubro de 1956. Para choque e consternação de seus aliados, os Estados Unidos condenaram vigorosamente essa invasão, considerando-a um ato gritante e injustificado de agressão militar que violava o império da lei. Quando, em 5 de novembro, os soviéticos denunciaram o ataque ao Egito e ameaçaram arrogantemente retaliar a Grã-Bretanha e a França, caso não cessassem imediatamente a agressão, a crise de Suez metamorfoseou-se de repente num confronto Leste-Oeste potencialmente grave. A pressão persistente dos Estados Unidos sobre seus aliados ajudou a produzir um cessar-fogo, aliviando com isso o perigo apresentado por aquilo que os americanos consideravam ser um blefe soviético vazio, mas ainda assim inquietante.

No período logo após a crise de Suez, os Estados Unidos assumiram responsabilidades ainda maiores no Oriente Médio. O principal temor de Eisenhower era que a União Soviética ocupasse o vácuo criado pelo declínio do poder britânico e francês na região. Como ele disse a um grupo de congressistas em 1º de janeiro de 1957: "O vácuo existente no Oriente Médio deve ser preenchido pelos Estados Unidos antes que seja preenchido pela Rússia". A assim chamada Doutrina Eisenhower, que o presidente propôs ao Congresso em 5 de janeiro, criou um fundo especial para fornecer assistência econômica e militar aos regimes pró--ocidentais no Oriente Médio. Ameaçava também empregar força militar, se necessário, para deter "a agressão armada evidente de qualquer nação controlada pelo comunismo internacional". A vaga doutrina deixava claro o aprofundamento do compromisso americano com uma região que os estrategistas dos Estados Unidos imaginavam estar nas linhas de frente da Guerra Fria. Providenciou também o pretexto para Eisenhower enviar forças americanas ao Líbano no ano seguinte, depois que um golpe de estado sangrento no Iraque derrubou a monarquia pró-ocidental e questionou a credibilidade americana na região. Contudo, as fontes mais profundas de instabilidade regional – a disputa árabe--israelense, o rancor arraigado entre os árabes em relação aos legados do imperialismo ocidental e o apelo do nacionalismo radical pan-árabe – continuavam impermeáveis às manobras das tropas americanas, aos atrativos econômicos, aos planos diplomáticos e às propostas de mediação.

O Sudeste Asiático surgiu nessa época como outra região de intensa contestação da Guerra Fria. Os formuladores das políticas americanas preocupavam-se com o fato de que as condições intranquilas prevalecentes numa área afligida por enormes dificuldades econômicas, por uma tênue e incompleta transição do colonialismo para a independência e por alguns conflitos coloniais ainda intensos na Indochina e na Malaia tornassem todo o Sudeste Asiático propício à penetração soviética. Os riscos pareciam aos analistas americanos alarmantemente altos. Charles Bohlen, um dos principais especialistas em assuntos soviéticos do Departamento de Estado, declarou: a "perda do Sudeste Asiático" para o comunismo teria um impacto tão profundo sobre o equilíbrio de poder global que, se ocorresse, "nós teríamos perdido a Guerra Fria". Na metade de 1952, o secretário de Estado Acheson fez soar uma nota semelhante, exclamando para o ministro das Relações Exteriores Anthony Eden que "estamos perdidos se perdemos o Sudeste Asiático sem lutar" e, por isso, "devemos fazer o possível para salvar o Sudeste Asiático".

Se a perspectiva de a União Soviética explorar a ebulição regional para obter uma base no Oriente Médio mostrou ser o principal temor americano naquela região, a perspectiva de a China usar uma agressão militar direta para realizar seus objetivos expansionistas apresentava-se como o medo americano predominante no Sudeste Asiático. Em um documento sobre políticas aprovado por Truman em junho de 1952, o Conselho de Segurança Nacional deixava clara a preocupação principal de Washington. A defecção de qualquer país do Sudeste Asiático para o bloco sino-soviético, alertava o documento, "teria graves consequências econômicas, psicológicas e políticas", bem como "geraria talvez uma submissão relativamente rápida ao comunismo ou um alinhamento com os defensores dessa ideologia nos países restantes do grupo". Em suma, poder-se-ia esperar um efeito dominó em que o controle comunista sobre um dos países produziria, sem uma pronta e vigorosa ação contrária, o controle comunista sobre toda a região – e possivelmente ainda muito além. Essa eventualidade causaria efeitos econômicos altamente nocivos à Europa Ocidental e ao Japão, negaria recursos estratégicos críticos ao Ocidente, golpearia a credibilidade e o prestígio dos Estados Unidos como potência mundial e daria peso à noção de que o *momentum* da história estava com o comunismo, e não com as democracias ocidentais.

A Indochina, onde os insurgentes do Viet Minh liderado pelos comunistas vinham frustrando desde 1946 todas as tentativas francesas de reprimi-los, graças em parte a um inestimável apoio militar e logístico chinês, parecia o lugar mais provável para um avanço comunista. Consistia, por essa razão, no ponto focal da campanha americana de contenção no Sudeste Asiático. Tendo iniciado pouco antes da Guerra da Coreia e aumentado progressivamente nos poucos anos seguintes, a ajuda militar americana apoiava essencialmente a campanha de guerra francesa. No início de 1954, entretanto, o povo e o governo francês haviam se cansado de um conflito que se mostrava dispendioso, demorado e profundamente impopular. Rejeitando o conselho americano, eles procuraram uma saída diplomática elegante. Consequentemente, uma grande conferência de potências reuniu-se em Genebra em maio de 1954 para discutir sobre a Indochina. Foi seguida rapidamente por um triunfo decisivo do Viet Minh sobre a guarnição francesa sitiada em Dien Bien Phu, no distante nordeste do Vietnã. Juntos, esses desenvolvimentos apressaram o fim do domínio francês na Indochina. Incapazes de ganhar na mesa de conferência o que fora perdido no campo de batalha, as potências ocidentais aceitaram a divisão temporária do Vietnã no paralelo 17°, concedendo a metade norte do país ao Viet Minh de Ho. Os aliados soviéticos do líder vietnamita pressionaram-no a se conformar com o provérbio "antes pouco que nada", para sua grande frustração, porque não queriam provocar os americanos e correr o risco de outro confronto militar com o Ocidente tão imediatamente depois do cessar-fogo coreano.

Por sua parte, a administração Eisenhower procurou salvar o que fosse possível de um resultado que representava não só uma derrota nacional humilhante para a França, mas também um revés global para os Estados Unidos na Guerra Fria. Engajados numa campanha para impedir mais avanços comunistas no Sudeste Asiático, os americanos assumiram o comando, formando a Organização do Tratado do Sudeste Asiático (SEATO) em setembro de 1954. Essa organização reunia os Estados Unidos, a França, a Grã-Bretanha, a Austrália, a Nova Zelândia, as Filipinas, a Tailândia e o Paquistão numa aliança anticomunista frouxa e um tanto ineficaz, projetada para demonstrar determinação aos chineses e soviéticos. Eisenhower, Dulles e seus colegas também passaram imediatamente a suplantar a influência francesa no Vietnã do Sul, despejando dólares, conselheiros e equipamentos na novata República do Vietnã para prevenir que fosse absorvida pelo Vietnã do Norte, quer pela força das armas, quer pela urna eleitoral. Certo de que as eleições em todo o Vietnã marcadas para 1956 resultariam numa vitória retumbante para Ho Chi Minh, o premier pró--americano Ngo Dinh Diem cancelou-as. Assim, o Vietnã juntou-se à Alemanha e à Coreia como mais uma nação dividida pelas tensões da Guerra Fria que tornavam a unificação demasiado arriscada.

No Oriente Médio, no Sudeste Asiático e em todo o Terceiro Mundo, os Estados Unidos recorreram com frequência cada vez maior a operações secretas durante a década de 50 para alcançar seus objetivos de política exter-

5. Ho Chi Minh, presidente da República Democrática do Vietnã.

na. Na verdade, a CIA tornou-se o instrumento favorito na Guerra Fria para os formuladores das políticas americanas, uma vez que prometia ações eficientes de boa relação custo-benefício que excluíam a necessidade de forças armadas convencionais e podiam ser plausivelmente negadas se o véu de sigilo fosse rompido. Entre 1949 e 1952, o número de funcionários da CIA cresceu exponencialmente, assim como o orçamento da agência, e o número de postos ultramarinos da CIA aumentou de 7 para 47. Em 1953, como já se observou, a CIA desempenhou um papel instrumental na derrubada de Mossadeq no Irã. No ano seguinte, desempenhou um papel igualmente instrumental na deposição do líder esquerdista da Guatemala, Jacobo Arbenz Guzman. A nacionalização da americana United Fruit Company por este, somada à sua tolerância em relação ao minúsculo partido comunista da Guatemala, rotulou-o, aos olhos dos americanos, como um perigoso extremista que poderia dar à União Soviética a brecha de que necessitava para estabelecer uma base no hemisfério ocidental. Embora as avaliações de Mossadeq e Arbenz como protocomunistas estivessem longe da realidade, o que o volume de estudos recentes tem demonstrado de forma conclusiva, as intervenções no Irã e na Guatemala demonstram a profundidade dos temores americanos quanto à direção da mudança política no Terceiro Mundo. Os sucessos da CIA no Irã e na Guatemala encobriram a agência em uma aura de quase invencibilidade misteriosa e provavelmente encorajaram Eisenhower e seus sucessores a empregar meios secretos de um modo muitas vezes contraproducente. A intervenção secreta contra um regime antiocidental na Síria foi um tiro pela culatra em 1957, por exemplo, assim como uma campanha paramilitar selvagemente cruel para depor Sukarno na Indonésia no ano seguinte. Ambas as ações foram desmascaradas, o que causou mais mal do que bem para a causa americana. No entanto, a crescente tendência para a ação secreta mostrou-se difícil de ser rompida. Derivava em parte da tentação do sucesso fácil e eficiente – das mesmas pressões orçamentárias, de fato, que tornaram os Estados Unidos tão dependente das armas nucleares para alcançar as metas da sua política externa.

A corrida armamentista

Tanto os Estados Unidos quanto a União Soviética inauguraram grandes arsenais de armas – convencionais e nucleares – após a deflagração da Guerra da Coreia. Entre 1950 e 1953, os Estados Unidos aumentaram as suas forças armadas em mais de um milhão de soldados, enquanto expandiam significativamente a sua produção de aviões, navios de guerra, veículos blindados e outros instrumentos da guerra convencional. O seu arsenal nuclear era ainda mais impressionante. Em outubro de 1952, os americanos testaram com sucesso um dispositivo termonuclear, ou bomba H, que era exponencialmente mais poderoso do que as bombas usadas sobre Hiroshima e Nagasaki. Em outubro de 1954, detonaram com sucesso outra ainda mais potente. Os meios de lançamento das armas nucleares acompanhavam o ritmo desse desenvolvimento. Nos últimos anos da década de 50, a força dissuasiva nuclear dos americanos dependia de bombardeiros de médio alcance que podiam golpear o território soviético em missões de ida e volta apenas a partir das bases avançadas na Europa. Porém, ao fim da década, os Estados Unidos tinham aumentado o seu poder de ataque nuclear com o posicionamento de alguns bombardeiros intercontinentais 538 B-52, cada um capaz de atingir os alvos soviéticos a partir das bases nos Estados Unidos. Em 1955, Eisenhower ordenou também o desenvolvimento de mísseis balísticos intercontinentais (ICBMs) que permitiriam o lançamento de ogivas nucleares contra a União Soviética a partir do solo americano. Em 1960, os Estados Unidos começaram a posicionar a sua primeira geração de ICBMs, junto com seu primeiro lote de mísseis balísticos baseados em submarinos.

Esses posicionamentos estratégicos deram aos Estados Unidos a cobiçada "tríade" de armas nucleares instaladas em bombardeiros, bases terrestres e submarinos, sendo cada parte da tríade capaz de eliminar os principais alvos soviéticos. O arsenal nuclear total dos americanos crescera de aproximadamente 1.000 ogivas em 1953, o primeiro ano de Eisenhower no cargo, para 18.000 em 1960, o seu último ano. A essa altura, o Comando Aéreo Estratégico dos Estados Unidos (SAC) vangloriava-se de um total de 1.735 bombardeiros estratégicos, capazes de lançar armas nucleares sobre alvos soviéticos.

A União Soviética labutou para acompanhar esse ritmo. Entre 1950 e 1955, o Exército Vermelho teve um aumento de 3 milhões de soldados para criar uma força armada de quase 5,8 milhões – antes de Kruschev ordenar cortes expressivos em meados da década de 50 para reduzir o exorbitante orçamento de defesa de Moscou. Contudo, a vantagem acentuada da União Soviética sobre os Estados Unidos em efetivos militares era igualada e anulada por uma significativa inferioridade em praticamente qualquer outra medida de força militar. Essa disparidade era evidente sobretudo na esfera nuclear. Os soviéticos testaram com sucesso o seu primeiro dispositivo termonuclear em agosto de 1953 e outro mais potente em novembro de 1955. Entretanto, a sua capacidade de lançar as bombas permaneceu seriamente limitada. Antes de 1955, os soviéticos continuavam incapazes de realizar um ataque nuclear contra os Estados Unidos e, consequentemente, dependiam, para fins dissuasivos, da capacidade de seus bombardeiros atingirem os alvos da Europa Ocidental. No final da década, a frota de bombardeiros estratégicos soviéticos só podia atingir os Estados Unidos continental em missões de bombardeio sem retorno a partir de suas bases árticas, missões que seriam altamente vulneráveis aos interceptadores americanos. Foi apenas no início da década de 60 que a União Soviética começou a produzir e posicionar ICBMs e, apesar do lançamento sensacionalista do Sputnik, o primeiro satélite a orbitar a Terra em 1957, a União Soviética continuava atrás dos Estados Unidos em todas as medidas significativas de progressos tecnológicos. É revelador o que Eisenhower, acompanhando uma discussão do Conselho de Segurança Nacional em 1953 sobre as capacidades nucleares comparativas das duas superpotências, observou sobre seus congêneres soviéticos: "Eles devem estar mortos de medo".

Entretanto, paradoxalmente, no final da década de 50, certos setores americanos começaram a criticar Eisenhower por permitir que fosse criada uma "lacuna de mísseis" entre americanos e soviéticos. As críticas provinham do medo de que o primeiro teste bem-sucedido de um ICBM realizado por Moscou em agosto de 1957 e o lançamento de seu satélite Sputnik dois meses mais tarde significassem juntos um ataque dramático à tão decantada superioridade tecnológica dos Estados Unidos. Os russos não só pareciam ter vencido os americanos no espaço, como a tendência de Kruschev a vociferar bazófias a respeito do número de mísseis de longo alcance que sua nação estava desenvolvendo levou inclusive alguns analistas estratégicos sóbrios a se preocupar com um crescimento militar-tecnológico soviético. Não foram poucos os que se inquietaram com a perspectiva de que o equilíbrio de poder estivesse deslocando-se do Oeste para o Leste, uma tendência que alguns suspeitavam ser favorecida pela brandura da sociedade americana e pela aptidão declinante para matemática e ciência entre os colegiais americanos. Eisenhower não se deixou perturbar. Ajudado por fotografias de reconhecimento sigilosas produzidas por sobrevoos secretos no território soviético, ele sabia que esse não era o caso e que os Estados Unidos mantinham uma superioridade formidável sobre o seu rival em armas nucleares prontas para serem lançadas. Ainda assim, um frenesi político circundou a suposta lacuna de mísseis, e a lacuna inexistente surgiu como uma questão eletrizante na eleição presidencial de 1960.

Corridas armamentistas têm caracterizado as rivalidades internacionais ao longo de toda a história registrada. O que torna a da Guerra Fria única é, com certeza, a sua dimensão nuclear. Estudiosos, analistas políticos e estrategistas governamentais ruminaram por muito tempo sobre o modo como a existência de armas capazes de causar uma destruição sem paralelo modelou os contornos e o curso da Guerra Fria. Essa questão é tão crucialmente importante como difícil de responder com algum grau de precisão. Por um lado, as armas nucleares emprestaram provavelmente um grau de estabilidade à relação entre as superpotências e quase com toda a certeza diminuíram a probabilidade de hostilidades manifestas na Europa. A estratégia essencial da OTAN de repelir uma invasão convencional soviética girava em torno do reconhecimento de que qualquer guerra europeia seria uma guerra nuclear; assim, existiam incentivos poderosos em ambos os lados para evitar um conflito que causaria inevitavelmente enormes perdas de vidas tanto para os atacantes quanto para os defensores. Em uma reunião do Conselho de Segurança Nacional em janeiro de 1956, Eisenhower enfatizou sabiamente o que ele chamava de "consideração transcendente" em todos os debates sobre estratégia nuclear – "ninguém pode vencer uma guerra termonuclear". Por outro lado, Eisenhower também aceitou como doutrina oficial durante o seu primeiro ano na Casa Branca que "em caso de hostilidades, os Estados Unidos vão considerar ter à sua disposição armas nucleares tanto quanto outras munições". A sua administração sancionou a introdução das primeiras armas nucleares em campo de batalha na Alemanha em novembro de 1953, controlou os enormes arsenais de armas nucleares e sistemas de lançamento de bombas detalhados acima, promoveu a "retaliação maciça" como um princípio central da postura de defesa dos Estados Unidos e ameaçou usar armas nucleares durante a fase final da Guerra da Coreia e numa campanha para deter Beijing durante a crise do estreito de Taiwan de 1954-1955.

Os americanos mostraram, em resumo, uma atitude um tanto contraditória em relação às armas nucleares e ao seu valor para alcançar fins de segurança nacional durante a primeira década e meia da era atômica. Embora desacreditando privada e publicamente a loucura de um conflito nuclear que nenhum lado poderia vencer, eles se empenhavam com muita força para alcançar uma clara superioridade em armas nucleares. A superioridade nuclear americana quase certamente encorajou os Estados Unidos a se arriscar nas crises posteriores a respeito de Taiwan, Berlim e Cuba, como mostrará o próximo capítulo, ajudando assim a exacerbar uma fase já perigosa da Guerra Fria.

Capítulo 5

Do confronto à détente: 1958-1968

No final da década de 50, a Guerra Fria entrou talvez em sua fase mais perigosa, a época em que o risco de uma guerra nuclear geral estava no seu mais alto grau. Uma sequência de crises, culminando em 1962 com o confronto memorável entre Washington e Moscou a respeito da presença de mísseis soviéticos em Cuba, aproximou o mundo perigosamente de uma conflagração nuclear. Em ambos os lados da linha divisória entre as superpotências, a retórica arriscada e estridente atingiu níveis não testemunhados desde o final da década de 40.

O premier soviético Kruschev gelou os observadores americanos com suas presepadas sobre as proezas tecnológicas e econômicas soviéticas e sua infame observação de que a União Soviética logo estaria produzindo mísseis como salsichas. Em janeiro de 1961, ele prometeu dar o apoio ativo de Moscou às guerras de libertação nacional – guerras que, ele disse, "vão continuar enquanto existir o imperialismo, enquanto existir o colonialismo". O mundo comunista estava destinado a enterrar o Ocidente, o governante russo gostava de dizer.

Para não ser ultrapassado, o recém-eleito presidente John F. Kennedy implorou ao Congresso, em seu primeiro discurso sobre o Estado da União naquele mesmo mês, que providenciasse fundos suficientes para uma "força do Mundo Livre tão poderosa a ponto de tornar qualquer agressão claramente fútil". Nem a União Soviética, nem a

China, disse ele, "desistiram de suas ambições de dominar o mundo". O jovem chefe do executivo apresentou uma visão sombria da situação global, observando que falava "numa hora de perigo nacional" e declarando-se "absolutamente certo" de que a nação resistiria. "A cada dia, as crises multiplicam-se", enfatizou Kennedy. "A cada dia, sua solução torna-se mais difícil. A cada dia, chegamos mais perto da hora de máximo perigo, enquanto as armas se disseminam e as forças hostis se tornam mais fortes."

Este capítulo examina os acontecimentos e as forças que tornaram o final da década de 50 e o início da década de 60 um período de crise aparentemente perpétua. Analisa também a aproximação parcial entre Washington e Moscou, que começou em 1963, e o profundo envolvimento americano no Vietnã, que ameaçava desarticular essa aproximação.

Os anos de "máximo perigo": 1958-1962

Os anos de 1958 a 1962 apresentaram uma sequência sem precedentes de confrontos Leste-Oeste, vários dos quais envolviam estratégia nuclear arriscada. Só em 1958, houve uma intervenção americana secreta na Indonésia, um golpe de Estado sangrento que derrubou o governo pró-ocidental do Iraque, o envio subsequente de fuzileiros navais americanos ao Líbano, além de uma série de enfrentamentos em que havia muita coisa em jogo entre Washington e Beijing a respeito de Taiwan e entre Washington e Moscou a respeito de Berlim.

Em 17 de julho de 1958, apenas dois dias depois do desembarque dos fuzileiros navais americanos no Líbano, Mao Zedong autorizou os preparativos para um confronto com os

Estados Unidos no estreito de Taiwan. Visava a "deter os imperialistas americanos [e] provar que a China apoia os movimentos de libertação nacional no Oriente Médio não apenas com palavras, mas também com atos". Essa audácia, acreditava o líder chinês, zombaria da moderação desprezível de Kruschev e, com isso, ganharia para Beijing um papel de liderança entre as forças revolucionárias do Terceiro Mundo, ajudando a mobilizar os chineses em apoio às suas políticas internas radicais. Em 23 de agosto, as forças de Mao começaram a bombardear as ilhas de Quemoy e Matsu ao largo da costa, ilhas reivindicadas e defendidas pelas forças nacionalistas chinesas de Chiang Kai-shek. Eisenhower e Dulles suspeitaram imediatamente, como na crise anterior de 1954-1955, que a barragem de artilharia poderia ser um prelúdio para uma invasão em grande escala de Taiwan, ilha que os Estados Unidos estavam empenhados em defender de acordo com o tratado assinado. Eisenhower colocou os militares americanos em alerta total, despachou apressadamente uma armada naval formidável para o estreito de Taiwan, além de autorizar o envio de forças adicionais com equipamento nuclear para a região. Tentava basicamente deter a agressão chinesa com uma exibição de força esmagadora combinada com declarações públicas inequívocas de ânimo resoluto.

No início de setembro, Kruschev enviou seu ministro das Relações Exteriores, Andrei Gromyko, a Beijing na tentativa de desativar a crise. O visitante russo ficou "estupefato" ao ouvir as repetidas bravatas chinesas; os seus anfitriões informaram-lhe em certo momento que, embora reconhecessem que suas ações gerariam provavelmente uma "guerra local" com os Estados Unidos, eles estavam "dispostos a receber todos os golpes duros, inclusive bombas atômicas e a destruição de [suas] cidades". Os Estados Unidos estavam de fato preparando uma reação nuclear. Os conselheiros militares de Eisenhower insistiam no emprego de bombas nucleares de baixo rendimento contra as instalações militares chinesas – ação, eles reconheciam, que causaria milhões de baixas civis. Kruschev aumentou o risco com uma carta ameaçadora ao presidente americano em 19 de setembro, em que enfatizava que Moscou também "possui armas nucleares e de hidrogênio". Se os Estados Unidos empregassem essas armas contra a China, alertou, isso "acenderia o estopim da conflagração de uma guerra mundial" e "condenaria à morte certa os filhos do povo americano".

A crise amainou quando, em 6 de outubro, Mao anunciou unilateralmente que cessaria o bombardeio de Quemoy e Matsu por uma semana, desde que os Estados Unidos retirassem os seus comboios do estreito de Taiwan. Embora acabasse antes com um gemido que com uma grande explosão, o episódio esclarece vários temas importantes sobre essa conjuntura inusitadamente tensa da Guerra Fria. Primeiro, Mao procurou intencionalmente um confronto militar com os Estados Unidos que poderia ter desencadeado ataques nucleares devastadores contra a China continental. Essa sua temeridade aponta para o papel perigosamente imprevisível da China na política da Guerra Fria. Segundo, o impasse do estreito de Taiwan demonstra a disposição de os Estados Unidos cruzarem mais uma vez o limiar nuclear – mesmo que por um território certamente não vital. A administração Eisenhower via a tentativa arriscada de Mao como um sério teste da credibilidade dos Estados Unidos e um lance que exigia uma resposta firme; como Taiwan não podia ser defendida apenas com as forças convencionais, as armas nucleares e a ameaça de usá-las serviam como o único meio de dissuasão. Se Mao não tivesse recuado – se ele tivesse realmente desafiado os americanos –, não há razão para acreditar que Eisenhower não teria autorizado o emprego de armas nucleares contra os chineses. Por fim, a crise sublinha a importância das crescentes tensões sino-soviéticas para a dinâmica mais ampla da Guerra Fria. A desconfiança e a competição entre os dois gigantes comunistas, cada um determinado a provar a sua dureza e pureza ideológica na concorrência pela liderança do mundo comunista, formavam um fator que poderia desestabilizar cada vez mais as relações internacionais.

Kruschev deu início à próxima grande crise da Guerra Fria, em parte para contestar as acusações de que os soviéticos tinham enfraquecido e vacilado *vis-à-vis* o Ocidente. O líder soviético, que à sua maneira era um temerário tão compulsivo quanto Mao, escolheu Berlim para fazer a sua manobra. Em 10 de novembro de 1958, anunciou de repente que Moscou tinha a intenção de assinar um novo tratado com a Alemanha Oriental em substituição aos acordos da Segunda Guerra Mundial, que haviam sancionado a ocupação conjunta anômala da antiga capital alemã, que ainda vigorava. Em uma declaração subsequente, Kruschev afirmou que Berlim devia ser transformada numa "cidade livre" desmilitarizada e deu às potências ocidentais o prazo de apenas seis meses, até 27 de maio de 1959, para negociar diretamente com a República Democrática Alemã se quisessem manter sua presença em Berlim e os direitos de trânsito para entrar e sair da cidade. Calculando que Washington seria fortemente avesso a arriscar uma guerra por uma cidade situada a mais de 160 quilômetros da fronteira da Alemanha Ocidental, o governante soviético acreditava que poderia reafirmar o vigor e a ousadia da política externa soviética. Ele também visava a sustentar o conflituoso Estado cliente, a Alemanha Oriental, passando pelas fronteiras abertas de Berlim. Em um estilo caracteristicamente tempestuoso, Kruschev mandou o ministro das Relações Exteriores, Gromyko, entregar uma nota aos Estados Unidos escarnecendo que apenas "os loucos podem chegar ao ponto de desencadear outra guerra pela preservação dos privilégios daqueles que ocupavam Berlim".

O desafio soviético atingiu o Ocidente em seu flanco mais exposto e vulnerável. Os Estados Unidos e seus principais parceiros da OTAN concordavam que abrir mão de seus direitos em Berlim, ou conferir legitimidade ao regime da Alemanha Oriental negociando diretamente com ele, seria apunhalar a Alemanha Ocidental de Adenauer, que continuava a exaltar a meta da unificação da Alemanha. Entretanto, o que sem dúvida também fazia parte dos cálculos dos soviéticos, os boatos de guerra por um posto avançado ocidental, indefensável e isolado bem no meio da esfera de influência soviética, semeariam inevitavelmente dissensão nas fileiras ocidentais. Na verdade, o primeiro-ministro Harold Macmillan informou francamente às autoridades americanas que os britânicos "não estavam dispostos a enfrentar sua destruição por causa de dois milhões de alemães berlinenses, seus antigos inimigos". Acreditando que a sua própria credibilidade e a viabilidade da aliança ocidental estavam em jogo, a administração Eisenhower mais uma vez optou por manter-se firme – mais uma vez correndo o risco de uma escalada que poderia chegar à guerra nuclear. Eisenhower, Dulles e a Junta de Chefes de Estado-Maior sabiam muito bem que Berlim Ocidental não poderia ser defendida por meios militares convencionais; em vista da grande importância simbólica da cidade, estavam prontos a empregar armas nucleares para defender os direitos ocidentais na área.

Kruschev deixou passar o prazo final de 27 de maio, quando reconheceu a determinação inflexível dos Estados Unidos em manter o status quo, mesmo correndo o risco de hostilidades. Mudando de estratégia, o homem forte russo propôs um encontro dos ministros das Relações Exteriores das quatro potências para discutir sobre Berlim e outras questões que separavam o Leste e o Oeste, com a perspectiva de uma reunião de cúpula de chefes de governo logo a seguir. Vale enfatizar que a superioridade esmagadora do arsenal nuclear americano parece ter encorajado os americanos na crise de Berlim e na do estreito de Taiwan no final da década de 50 e, uma vez atingido o ponto crítico, ter compelido os soviéticos a recuar em face da política nuclear de alto risco dos Estados Unidos.

A convite de Eisenhower, Kruschev visitou os Estados Unidos no outono de 1959, introduzindo um degelo temporário nas relações soviético-americanas apelidado pelos jornalistas de "Espírito de Camp David". Os dois líderes não conseguiram resolver o impasse de Berlim, mas concordaram em participar de uma reunião de cúpula em Paris na primavera seguinte. Pouco antes da abertura do encontro, porém, as relações soviético-americanas sofreram um grande golpe quando os russos abateram um avião espião U-2 americano que voava a grande altitude sobre os Urais.

Os voos de reconhecimento U-2, que os Estados Unidos estavam realizando desde 1956, davam a Eisenhower informações cruciais sobre o programa de mísseis soviético – e suas limitações. Em vez de minimizar a importância do caso, Kruschev decidiu explorá-lo para fins de máxima propaganda, apresentando teatralmente Francis Gary Powers, o piloto americano, para vexar Eisenhower depois que este havia negado em público que o voo ocorrera. Kruschev então abandonou a cúpula de Paris antes que as sessões formais tivessem sequer iniciado. Quando o mandato de Eisenhower chegou ao fim, as relações entre Washington e Moscou estavam mais frias do que haviam sido no momento de sua primeira posse oito anos antes. Logo se tornariam ainda piores.

Em junho de 1961, Kruschev reavivou as chamas da tempestuosa crise de Berlim durante um encontro tenso com o novo presidente John F. Kennedy em Viena. O impulsivo líder soviético avisou Kennedy de que pretendia assinar um tratado de paz em separado com a Alemanha Oriental dentro de seis meses se não houvesse mudança no status de Berlim. Ele vociferou que, se os Estados Unidos queriam deflagrar uma guerra por Berlim, "não havia nada que a URSS pudesse fazer a esse respeito... A história será o juiz de nossas ações". Desconcertado pelo tom ameaçador de Kruschev, o não testado líder americano acreditou que a sua própria credibilidade pessoal e a de sua nação estavam sendo desafiadas. JFK raciocinou que uma demonstração de firmeza constituía a única ação praticável; recuar seria apenas atrair uma agressão em outro lugar. "Não podemos e não vamos permitir que os comunistas nos expulsem de Berlim", ele prometeu num discurso em 25 de julho, "quer aos poucos, quer pela força." Para dar mais peso à sua retórica pública desafiadora, o presidente pediu ao Congresso um suplemento de US$ 3,2 bilhões para o orçamento de defesa, autoridade para convocar reservistas militares, e mais US$ 207 milhões para começar um programa de abrigos contra precipitação radioativa a fim de preparar o povo americano para um futuro ataque nuclear.

Por trás do desafio beligerante de Kruschev ao Ocidente, havia uma bomba-relógio para o bloco soviético: a taxa alarmante de defecções na Alemanha Oriental. Entre 1949 e meados de 1961, aproximadamente 2,7 milhões de alemães orientais fugiram para o Ocidente – o equivalente à população inteira da República da Irlanda – e a maioria deles utilizava a saída de emergência de Berlim. Esse problema embaraçoso solapava seriamente a viabilidade do Estado cliente de Moscou, a Alemanha Oriental, e de

6. Kruschev e Kennedy cumprimentam-se no início da cúpula de Viena de junho de 1961.

seu líder intransigente, Walter Ulbricht. Como as defecções tornaram-se diariamente mais numerosas em meados do verão de 1961, os alemães orientais começaram de repente a construir uma barreira de arame farpado para separar o setor soviético da antiga capital alemã e os setores ocidentais. A barreira temporária de 13 de agosto logo se tornou um muro permanente, repleto de guardas armados, um símbolo feio e nefasto da divisão da Europa nos blocos ocidental e comunista. A guerra foi evitada, sem dúvida, e Kruschev conseguiu providenciar uma forma de suporte vital para a República Democrática Alemã, mas essas façanhas tiveram um alto custo político e propagandístico para a União Soviética e para a Alemanha Oriental. "Não é uma solução muito boa", meditou o pragmático Kennedy, "mas um muro é muitíssimo melhor do que uma guerra." Felizmente, para o presidente americano, ele nunca teve de enfrentar a questão fundamental: determinar se Berlim valia uma guerra que teria quase com toda a certeza causado dezenas de milhões de mortes.

Outras questões críticas internacionais também competiam para atrair a atenção dos formuladores de políticas em Moscou e Washington durante esse período marcado por crises, muitas emanando do sempre turbulento Terceiro Mundo. Embora o fim do império na África tenha se processado de modo relativamente tranquilo, com 16 nações adquirindo a independência apenas durante o ano de 1960, o desfecho confuso do domínio belga no Congo naquele ano gerou mais um grande confronto das superpotências. Quando os soviéticos despacharam equipamento e técnicos militares para apoiar o novo regime de Patrice Lumumba, os americanos enviaram uma equipe de extermínio em uma tentativa fracassada de liquidar o sitiado Lumumba, um ardente nacionalista que eles rotulavam erroneamente de radical fanático e testa de ferro dos russos. Em 1961, as forças congolesas pró-americanas assassinaram Lumumba, realizando o que a própria CIA não conseguira fazer; ao mesmo tempo, Joseph Mobuto, o candidato favorito dos Estados Unidos, surgiu como a figura dominante em um novo governo do Congo. Dessa maneira, os Estados Unidos conseguiram frustrar temporariamente as ambições soviéticas na África Central, ainda que ao custo de impor a geopolítica da Guerra Fria a uma antiga colônia empobrecida e dilacerada pelas lutas.

Durante o final dos anos 50 e início dos anos 60, a Indochina também tornou a flamejar como uma região de grande conflito. No Vietnã do Sul, o regime de Ngo Dinh Diem, apoiado pelos americanos, combatia uma insurgência de ampla base dirigida pela Frente de Libertação Nacional que, com forte apoio do Vietnã do Norte comunista, ameaçava a sobrevivência do governo. Em 1961-1962, Kennedy aumentou significativamente a assistência militar a Diem, despachando bem mais de 10.000 conselheiros americanos numa tentativa de ajudar a esmagar as assim chamadas guerrilhas "Viet Cong", que a essa altura controlavam cerca de metade do território e da população do Vietnã. Enquanto isso, o Pathet Lao, liderado pelos comunistas no vizinho Laos, com apoio logístico do Vietnã do Norte e da União Soviética, parecia prestes a escalar o poder em Vientiane. Em dezembro de 1960, Eisenhower comunicou ao presidente eleito Kennedy durante uma reunião de transição na Casa Branca que o Laos era "a chave atual para toda a área do Sudeste Asiático". Alertou ameaçadoramente que talvez

COLÔNIAS

- ⋅⋅ Anglo-egípcias
- ▢ Belgas
- ▢ Britânicas
- ▨ Espanholas
- ▨ Francesas
- •• Italianas
- ▨ Portuguesas
- ▨ Sul-africanas

PAÍSES

▨

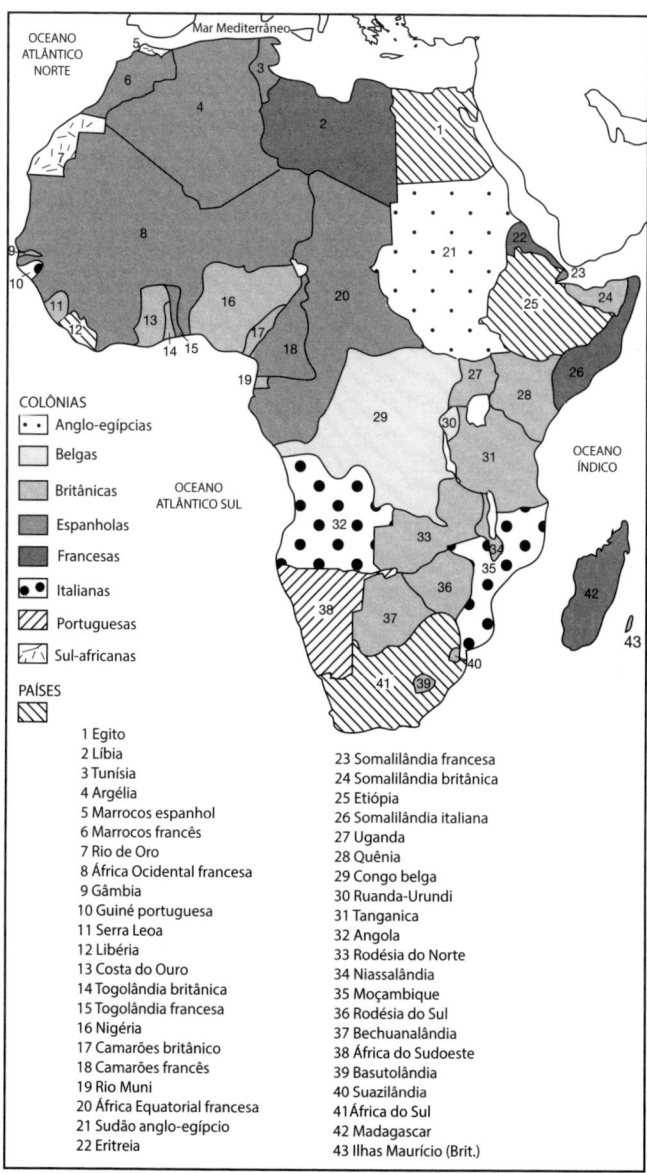

1 Egito
2 Líbia
3 Tunísia
4 Argélia
5 Marrocos espanhol
6 Marrocos francês
7 Rio de Oro
8 África Ocidental francesa
9 Gâmbia
10 Guiné portuguesa
11 Serra Leoa
12 Libéria
13 Costa do Ouro
14 Togolândia britânica
15 Togolândia francesa
16 Nigéria
17 Camarões britânico
18 Camarões francês
19 Rio Muni
20 África Equatorial francesa
21 Sudão anglo-egípcio
22 Eritreia
23 Somalilândia francesa
24 Somalilândia britânica
25 Etiópia
26 Somalilândia italiana
27 Uganda
28 Quênia
29 Congo belga
30 Ruanda-Urundi
31 Tanganica
32 Angola
33 Rodésia do Norte
34 Niassalândia
35 Moçambique
36 Rodésia do Sul
37 Bechuanalândia
38 África do Sudoeste
39 Basutolândia
40 Suazilândia
41 África do Sul
42 Madagascar
43 Ilhas Maurício (Brit.)

Mapa IV. A África em 1945.

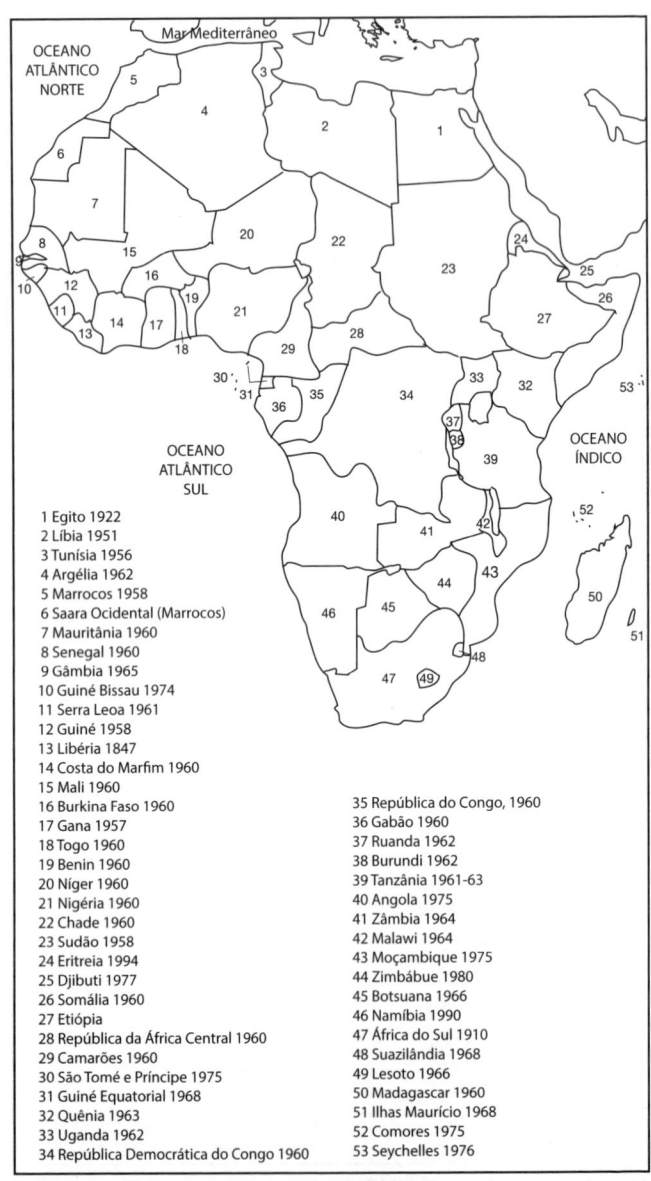

1 Egito 1922
2 Líbia 1951
3 Tunísia 1956
4 Argélia 1962
5 Marrocos 1958
6 Saara Ocidental (Marrocos)
7 Mauritânia 1960
8 Senegal 1960
9 Gâmbia 1965
10 Guiné Bissau 1974
11 Serra Leoa 1961
12 Guiné 1958
13 Libéria 1847
14 Costa do Marfim 1960
15 Mali 1960
16 Burkina Faso 1960
17 Gana 1957
18 Togo 1960
19 Benin 1960
20 Níger 1960
21 Nigéria 1960
22 Chade 1960
23 Sudão 1958
24 Eritreia 1994
25 Djibuti 1977
26 Somália 1960
27 Etiópia
28 República da África Central 1960
29 Camarões 1960
30 São Tomé e Príncipe 1975
31 Guiné Equatorial 1968
32 Quênia 1963
33 Uganda 1962
34 República Democrática do Congo 1960
35 República do Congo, 1960
36 Gabão 1960
37 Ruanda 1962
38 Burundi 1962
39 Tanzânia 1961-63
40 Angola 1975
41 Zâmbia 1964
42 Malawi 1964
43 Moçambique 1975
44 Zimbábue 1980
45 Botsuana 1966
46 Namíbia 1990
47 África do Sul 1910
48 Suazilândia 1968
49 Lesoto 1966
50 Madagascar 1960
51 Ilhas Maurício 1968
52 Comores 1975
53 Seychelles 1976

Mapa V. A África em 2000 (com as datas da independência).

fossem necessárias tropas de combate dos Estados Unidos em um futuro próximo para bloquear uma vitória do Pathet Lao.

Olho no olho: a crise dos mísseis cubanos e suas consequências

Contudo, a área que mais preocupava os Estados Unidos nessa época mostrou ser a nação-ilha de Cuba, situada a somente 145 quilômetros da ponta sul da Flórida. A partir de sua base guerrilheira inicial nas montanhas acidentadas de Sierra Maestra, um revolucionário nativo, o impetuoso e carismático Fidel Castro, havia lutado até chegar ao poder em Havana. Tendo derrubado e enviado ao exílio o impopular ditador e aliado de longa data dos Estados Unidos, Fulgencio Batista, no dia de Ano-Novo de 1959, Castro lançou imediatamente um programa revolucionário ambicioso, projetado para libertar Cuba de sua histórica dependência econômica e política dos Estados Unidos. Desde o início, a administração Eisenhower viu o jovem radical barbudo com cautela e resistiu com vigor ao ataque da revolução cubana aos interesses de propriedade dos Estados Unidos. Em parte para se opor à hostilidade americana, e em parte por causa de suas próprias afinidades ideológicas, Fidel Castro voltou-se para a União Soviética, acolhendo o seu apoio diplomático e econômico. Kruschev, por sua vez, agarrou com voracidade o que parecia uma oportunidade caída do céu para desafiar o principal rival em seu próprio quintal. No verão de 1960, depois do estabelecimento de ligações diplomáticas e comerciais próximas entre Havana e Moscou, a administração Eisenhower impôs um embargo comercial a Cuba, suspendeu o acesso favorecido do açúcar cubano ao mercado americano e arquitetou tramas por meio da CIA para assassinar Fidel. Eisenhower também aprovou o armamento e o treinamento de um grupo de exilados cubanos para ser possivelmente usado como uma futura força de invasão.

Durante a campanha presidencial de 1960, Kennedy martelou persistentemente sobre o problema de Cuba. Dizia que Fidel Castro era uma "fonte de máximo perigo" e denunciou Eisenhower e o vice-presidente Richard M. Nixon, sendo este seu principal opositor, por permitirem que um "satélite comunista" surgisse na "soleira de nossa porta". Após a vitória de Kennedy na eleição de novembro, Eisenhower encorajou JFK a expandir o programa dos exilados. Em retaliação à nacionalização de empresas americanas pelo regime de Fidel e a seus laços cada vez mais profundos com a União Soviética, a administração do "pato manco" Eisenhower rompeu formalmente as relações diplomáticas com Cuba em janeiro de 1961.

Determinado a eliminar Fidel Castro de uma vez por todas, Kennedy deu sinal verde naquele abril para o que se tornou a desastrada invasão da Baía dos Porcos. A operação baseava-se na noção de que Fidel detinha apenas um apoio muito fraco entre o povo e de que, após o desembarque dos 1.400 comandos treinados pela CIA, o povo cubano então se insurgiria e derrubaria o autocrata comunista. Revelou-se um plano ridículo: em dois dias, as forças de Fidel Castro tinham descoberto e capturado o pequeno bando de exilados, criando um revés político embaraçoso para a presidência ainda recente de Kennedy. Apesar da lição, o democrata chefe do Executivo não se conformou com a existência continuada de uma cabeça de ponte soviética no hemisfério ocidental. Ordenou mais tarde uma renovada campanha secreta para sabotar e subverter o governo de Fidel, enquanto a CIA, com a aprovação da Casa Branca, lançava uma série de planos cada vez mais bizarros para assassinar o "Líder Máximo" de Cuba. É difícil contestar a observação retrospectiva de Fidel Castro de que "se os Estados Unidos não tivessem se disposto a liquidar a revolução cubana, não teria ocorrido a crise de outubro".

A crise de outubro, ou a crise dos mísseis cubanos como é mais conhecida, constitui o confronto soviético-americano mais perigoso de toda a Guerra Fria, aquele em que as duas superpotências – e o mundo – chegaram

7. **Evidência fotográfica de um sítio de lançamento de Mísseis Balísticos de Alcance Médio em San Cristobal, Cuba, outubro de 1962.**

mais perto da devastação de uma guerra nuclear. A crise foi deflagrada em 14 de outubro de 1962, quando um avião de reconhecimento U-2 fotografou alguns sítios de lançamento de mísseis de alcance intermediário que estavam sendo construídos em Cuba. Dois dias mais tarde, a comunidade de inteligência apresentou ao presidente uma evidência fotográfica indiscutível de que a União Soviética havia colocado mísseis em Cuba. Essas imagens ofereciam um quadro alarmante: Cuba já tinha recebido entre 13 e 32 mísseis da União Soviética, tanto Mísseis Balísticos de Alcance Intermediário (IRBMs), com um alcance de ataque de 3.540 quilômetros, como Mísseis Balísticos de Alcance Médio (MRBMs), com um alcance de ataque de 1.641 quilômetros. A CIA estimava que os mísseis estariam operacionais dentro de uma semana e, uma vez montados com ogivas nucleares, seriam capazes de infligir até 80 milhões de baixas se lançados contra as principais cidades dos Estados Unidos. Considerando esse desenvolvimento espantoso uma ameaça extremamente grave à segurança dos Estados Unidos, Kennedy constituiu um Comitê Executivo, ou ExCom, em seu Conselho de Segurança Nacional para lhe dar conselhos e construir um consenso por trás das decisões angustiantes que tinha consciência de que precisaria tomar sem demora. O presidente e seu círculo íntimo concordavam, desde o princípio, sobre a absoluta inaceitabilidade de mísseis nucleares em Cuba e, consequentemente, sobre a necessidade de sua imediata remoção. A questão mais intimidadora, e aquela em torno da qual giravam as reuniões de 24 horas do ExCom, dizia respeito aos meios que podiam ser empregados com mais segurança para atingir esse fim – sem desencadear um conflito nuclear.

Por que Kruschev havia jogado os dados com uma atitude tão espalhafatosamente provocadora? As evidências ora disponíveis sugerem que, em maio de 1962, o premier soviético optou pelo lance arriscado de instalar mísseis nucleares em Cuba por várias razões convincentes. Antes de mais nada, ele procurava impedir uma invasão americana de Cuba, oferecendo com isso proteção a um regime que tinha atado a sua sorte com a da União Soviética. Agindo dessa maneira, ele também poderia contornar o desafio apresentado por uma China cada vez mais hostil e recuperar a posição histórica do Kremlin como o manancial militar e ideológico das forças revolucionárias socialistas do mundo. Além disso, e talvez mais crucialmente, Kruschev via na revolução cubana sitiada uma oportunidade fortuita de anular a grande lacuna de mísseis entre a União Soviética e os Estados Unidos. "Os americanos cercaram o nosso país com bases militares e nos ameaçaram com armas nucleares, e agora aprenderiam qual é a sensação de ter mísseis inimigos apontados contra eles", refletiu mais tarde, "não faríamos nada mais que lhes dar um pouco de seu próprio remédio."

Em vista da imensa disparidade, na metade de 1962, entre as ogivas nucleares prontas para lançamento nas mãos dos americanos e aquelas nas mãos dos soviéticos – um desequilíbrio da ordem de 17 para 1 –, os mísseis cubanos de Kruschev, embora estivessem longe de alterar o equilíbrio estratégico global, teriam duplicado ou possivelmente triplicado o número de ogivas soviéticas capazes de atingir alvos americanos. Psicológica e politicamente, se não estrategicamente, esses mísseis teriam alterado a dinâmica da relação das superpotências em detrimento dos Estados Unidos.

Depois que Cuba aceitou a oferta do Kremlin em junho, os soviéticos começaram a introduzir clandestinamente uma força militar substancial na ilha. Além das planejadas instalações de IRBM e MRBM, Moscou forneceu mísseis superfície-ar para proteção desses locais, 42 bombardeiros leves II-28, mais 42 caça-interceptadores MIG-21 e 42.000 soldados soviéticos. Sem que os analistas americanos soubessem à época, as forças soviéticas em Cuba também estavam armadas com armas nucleares táticas, ou de curto alcance, que os comandantes locais tinham autorização para usar em caso de invasão americana. Quando McNamara soube, décadas mais tarde, que havia nove armas nucleares táticas em Cuba em outubro de 1962, ele exclamou: "É estarrecedor. Isso significa que, se tivesse ocorrido uma invasão americana, haveria 99% de probabilidade de uma guerra nuclear ter sido iniciada".

A invasão era, de fato, uma das principais opções consideradas pelo ExCom de Kennedy nos primeiros dias da crise. Embora uma invasão de Cuba em grande escala tivesse fortes defensores, inclusive a Junta de Chefes de Estado-Maior, e também se cogitasse a ideia de um ataque aéreo cirúrgico projetado para destruir os mísseis, JFK optou por uma ação mais prudente e consideravelmente menos arriscada. Decidiu implementar um bloqueio naval – ou quarentena – de Cuba para impedir que quaisquer outros carregamentos militares chegassem à ilha. Em 22 de outubro, o presidente apareceu na televisão nacional para explicar a gravidade da ameaça e delinear sua decisão de quarentena para o povo americano. Se mísseis soviéticos fossem lançados do solo cubano contra quaisquer alvos em qualquer ponto do hemisfério ocidental, Kennedy enfatizou, os Estados

Unidos considerariam tal ocorrência "como um ataque da União Soviética aos Estados Unidos, exigindo uma plena reação retaliatória à União Soviética". Em 24 de outubro, os formuladores das políticas americanas soltaram um suspiro coletivo de alívio quando os navios soviéticos pararam antes da linha da quarentena, evitando assim o temido confronto. O secretário de Estado Rusk emitiu o célebre gracejo: "Lembrem-se quando derem a notícia – digam que, olho no olho, foram eles que piscaram primeiro".

Mas a crise não estava terminada. O trabalho de construção nos sítios de lançamento de mísseis continuava; uma potencial força de invasão de 140.000 soldados reuniu-se no sul da Flórida, e Kennedy colocou as forças nucleares estratégicas dos Estados Unidos em grau elevado de alerta. Em uma carta a Kennedy de 26 de outubro, Kruschev adotou um tom conciliatório. Apesar de condenar o bloqueio americano como um ato de pirataria naval, o líder soviético demonstrou estar disposto a retirar os mísseis de Cuba em troca do compromisso americano de não invadir a ilha. Frente a uma reviravolta confusa, ele divulgou no dia seguinte outra carta mais beligerante a JFK, na qual o governante russo aumentava de repente o preço do acordo, exigindo não só a promessa de não invadir a ilha, mas também a retirada dos mísseis Júpiter americanos da Turquia. Esses mísseis, que tinham se tornado operacionais mais cedo naquele ano, eram para os soviéticos um símbolo particularmente exasperante de sua inferioridade nuclear – ainda que fossem considerados de pouco valor estratégico pelos especialistas nucleares dos Estados Unidos.

Em 28 de outubro, no mesmo momento em que a situação parecia estar saindo fora de controle, os negociadores americanos e soviéticos conseguiram chegar a uma tentativa de solução. Com o irmão do presidente, o procurador-geral Robert F. Kennedy, desempenhando um papel-chave, os Estados Unidos ofereceram um acordo de compromisso baseado em grande parte na primeira carta de Kruschev, que se mostrou aceitável para Moscou. Os soviéticos concordavam assim em retirar os mísseis de Cuba; por sua vez, os americanos comprometiam-se a não invadir a ilha. Kruschev revelou imediatamente as principais linhas do acordo num programa de rádio. Por meio de um importante adendo, que não foi divulgado à época, Kruschev indicou, numa carta pessoal a Kennedy, sua compreensão de que a futura retirada dos mísseis Júpiter da Turquia também constituía um elemento básico do acordo, como Robert Kennedy prometera anteriormente a um representante soviético. Por insistência americana, entretanto, a retirada dos Júpiter não seria ligada explicitamente ao imbróglio cubano, porque os mísseis turcos estavam tecnicamente sob controle da OTAN, e não dos americanos.

Nas últimas quatro décadas, estudiosos, analistas políticos e ex-autoridades do governo têm debatido vigorosamente cada aspecto dessa quase catástrofe, com frequência variando bastante em seus julgamentos interpretativos. Enquanto alguns elogiam a administração magistral da crise demonstrada por Kennedy e seu extraordinário sangue-frio debaixo de tiroteio, outros condenam o presidente americano por sua disposição a flertar com uma guerra nuclear e as mortes quase certas de dezenas de milhões de americanos, soviéticos, cubanos e europeus por causa da colocação de alguns mísseis que não alteravam fundamentalmente o equilíbrio nuclear predominante. O ex-secretário de Estado Dean

Acheson, que participava das reuniões do ExCom, atribuiu mais tarde o sucesso cubano de JFK a "pura sorte". Essa talvez seja a coda mais adequada para todo o caso, em especial quando se reconhece quão perto o mundo realmente chegou de uma guerra nuclear em outubro de 1962. Da mesma maneira, deve-se reconhecer que a cautela e a prudência instintiva de Kennedy, em face da feroz pressão de seus conselheiros militares por uma reação mais agressiva, foi instrumental para o desfecho pacífico de um caso carregado de perigos sem paralelo.

A Crise dos Mísseis Cubanos demonstra – como revelaram as crises anteriores a respeito do estreito de Taiwan e Berlim – a centralidade do desequilíbrio nuclear nessa fase da Guerra Fria. Os americanos responsáveis pela tomada de decisões sentiam-se extremamente confiantes em poder forçar os soviéticos a recuar em qualquer confronto. A superioridade nuclear esmagadora de sua nação servia, nesse sentido, como o trunfo máximo, um fato da era atômica compreendido plenamente tanto em Moscou quanto em Washington. Contudo, ambos os lados também percebiam que a imensa vantagem americana em ogivas nucleares prontas para lançamento era um fenômeno temporário. Os especialistas americanos esperavam, sem sombra de dúvida, que os soviéticos alcançassem uma relativa paridade nuclear em um futuro próximo; os planejadores da defesa soviéticos, por sua vez, estavam determinados a acabar com essa discrepância o mais rápido possível. Refletindo a mistura de amargura e vontade de aço difundida entre a elite do Kremlin, o vice-ministro das Relações Exteriores Vassily Kuznetsov avisou um diplomata americano pouco depois da crise dos mísseis: "Vocês americanos nunca mais serão capazes de fazer isso conosco".

8. Fidel Castro e Kruschev se abraçam nas Nações Unidas, setembro de 1960.

Essa declaração revelou-se um guia profético para a política soviética subsequente. Moscou começou um esforço concertado para montar seu arsenal nuclear, aumentar sua frota de bombardeiros e melhorar seu programa de mísseis no período após o confronto no Caribe. Em poucos anos, os soviéticos tinham desenvolvido uma nova geração sofisticada de ICBMs que lhes proporcionou o que não possuíam quando Kennedy forçou Kruschev a se retirar apressadamente de Cuba: a capacidade quase certa de infligir danos terríveis à terra natal dos americanos em qualquer disputa nuclear. Essa realização, confirmada em meados dos anos 60, introduziu uma alteração permanente na equação das armas nucleares e uma consequente mudança na natureza da Guerra Fria. Uma vez que ambos os lados tinham a capacidade de infligir danos inaceitáveis ao outro, ou assim pensavam os estrategistas nucleares, nenhum dos lados podia se dar ao luxo de arriscar um conflito nuclear. Segundo essa lógica esperançosa, logo apelidada de doutrina da Destruição Mutuamente Assegurada (ou MAD), o fato de cada superpotência possuir imensos arsenais nucleares intensificava com efeito a segurança global ao tornar o conflito nuclear irracionalmente autodestrutivo para ambas.

A Crise dos Mísseis Cubanos merece ser reconhecida como um dos momentos decisivos da Guerra Fria também por outras razões. Tendo espiado o abismo nuclear, os líderes americanos e soviéticos reconheceram a necessidade de evitar futuros confrontos do tipo Cuba e começaram a dar alguns passos importantes nessa direção. Em junho de 1963, uma "linha direta" foi instalada no Kremlin e na Casa Branca para facilitar a comunicação direta em tempos de crise. Em agosto de 1963, os Estados Unidos e a União Soviética assinaram um tratado de proibição limitada de testes, eliminando todos eles, exceto os testes nucleares subterrâneos. Dois meses mais tarde, também endossaram uma resolução da ONU proibindo armas nucleares a partir do espaço. Até a retórica em ambos os lados esfriou notavelmente, com

Kruschev aplaudindo o discurso conciliatório de Kennedy na American University em junho de 1963, no qual o presidente disse que se deve dar mais atenção "a nossos interesses comuns e aos meios pelos quais as diferenças podem ser resolvidas".

A Crise dos Mísseis Cubanos teve ainda um impacto na aliança ocidental. Alguns dos parceiros dos Estados Unidos na OTAN, particularmente a França e a Alemanha Ocidental, aprenderam a lição perturbadora de que Washington sempre agiria de acordo com seus próprios interesses em qualquer confronto com a União Soviética, mesmo que fossem europeias as vidas nas linhas de frente da batalha. Embora tivessem se mantido firmes ao lado dos Estados Unidos durante toda a crise e exultado com o abrandamento das tensões Leste-Oeste que se seguiu, eles estavam desapontados com a decisão da administração Kennedy de informá-los, em vez de consultá-los, sobre as ações dos Estados Unidos. O presidente francês Charles de Gaulle temia que a França um dia pudesse vir a enfrentar uma "aniquilação sem representação". Convencido de que a segurança de sua nação e da Europa inteira estaria mais bem servida com uma política externa francesa mais independente, ele passou a desenvolver uma força nuclear francesa independente, distanciou a França da estrutura militar da OTAN dominada pelos Estados Unidos e cimentou a conexão entre Paris e Bonn. Todas essas tendências tiveram profundas implicações para a relação triangular entre a União Soviética, os Estados Unidos e os aliados europeus ocidentais, leais mas inquietos. Efeito semelhante teria também o conflito mais longo, mais sangrento e mais controverso de toda a era da Guerra Fria.

9. O general francês e líder político Charles de Gaulle.

Charles de Gaulle

General francês que chefiou o governo no exílio da França Livre durante a Segunda Guerra Mundial, de Gaulle foi presidente da França imediatamente após a libertação, retornando ao poder novamente em 1958. Como presidente da França de 1958 até sua renúncia em 1969, o orgulhoso, arrogante e intensamente nacionalista de Gaulle esforçou-se por desenvolver para seu país um papel de liderança na Europa que fosse independente do eixo anglo-americano. O tratado franco-alemão de cooperação, apoio mútuo e coordenação estratégica de janeiro de 1963, a que ele deu início, constituía o centro dos planos do general de Gaulle para um bloco continental fortalecido. Em 1966, ele tirou a França da estrutura de comando integrado da OTAN – mas não da própria aliança.

Vietnã: o trágico espetáculo secundário da Guerra Fria

A Guerra do Vietnã apresenta ao estudioso da Guerra Fria um grande paradoxo. Por um lado, os Estados Unidos e a União Soviética pareciam estar se movendo para uma relação mais estável e mais segura no período após a Crise dos Mísseis Cubanos. Entretanto, ao mesmo tempo em que se desenrolava o processo de uma incipiente détente, os Estados Unidos chegavam cada dia mais perto da guerra na periferia, isto é, no distante Sudeste Asiático – por razões que se apresentavam como sendo da Guerra Fria. Na época do assassinato de Kennedy, em novembro de 1963, os Estados Unidos já tinham enviado 16.000 conselheiros militares para o Vietnã do Sul, permitido que esses conselheiros participassem em operações de combate contra os insurgentes do Viet Cong, iniciado operações secretas contra o Vietnã do Norte e aprofundado significativamente seu compromisso de preservar um regime não comunista no Vietnã do Sul. Quando Lyndon B. Johnson deixou o cargo cinco anos mais tarde, mais de meio milhão de soldados americanos estavam estacionados no Vietnã do Sul, atolados numa feroz guerra de atrito contra um inimigo determinado e esquivo que recebia sustentação diplomática e apoio material tanto de Moscou quanto de Beijing. A essa altura, a Casa Branca de Johnson enfrentava não só a sociedade política americana que estava profundamente dividida sobre a eficácia e a moralidade da Guerra do Vietnã, mas também o sistema de aliança "Mundo Livre" que se achava dividido de forma semelhante. No final dos anos 60, em alguns casos muito mais cedo, aliados-chave como o Canadá, a França, a Grã-Bretanha, a Alemanha, a Holanda, a Itália e o Japão questionavam abertamente a relevância das ações dispendiosas dos Estados Unidos na Indochina para os interesses e as políticas comuns da Guerra Fria.

As razões subjacentes à decisão fatídica de Washington de intervir no Vietnã com uma grande força militar, por mais equivocadas que possam parecer em retrospectiva, não são difíceis de discernir. Encontram-se quase inteiramente na esfera dos temores da Guerra Fria, temores esses frequentemente inflamados pela política partidária. Em sentido mais amplo, a intervenção americana originou-se de uma determinação para conter a China e ao mesmo tempo provar, tanto para os aliados quanto para os adversários, a credibilidade do poder americano e a pureza de seus compromissos.

No início da década de 60, a China havia suplantado em muitos aspectos a União Soviética como o adversário mais temido dos Estados Unidos. Dos dois gigantes comunistas, parecia de longe o mais militante, o mais hostil e o mais aguerrido. O período após a Crise dos Mísseis Cubanos, que produziu um degelo nas relações entre os Estados Unidos e a União Soviética, não proporcionou nenhum alívio para as tensões entre americanos e chineses. Na verdade, o fato de a China ter iniciado em outubro de 1962 uma breve guerra de fronteira com a Índia apenas reafirmou as suspeitas dos americanos quanto às tendências agressivas de Beijing. Os planejadores da segurança nacional das administrações Kennedy e Johnson estavam convencidos de que a divisão sino-soviética cada vez mais virulenta havia encorajado os líderes de Beijing, tornando-os mais, e não menos, agressivos, temerários e imprevisíveis. Em inúmeras ocasiões, os líderes americanos tornaram explícita a conexão entre as supostas tendências expansionistas da China e a necessidade de uma intervenção americana no Vietnã. "Sobre esta guerra – e sobre toda a Ásia – paira outra realidade", Johnson declarou num importante discurso em abril de 1965, "a sombra cada vez mais escura da China comunista. A disputa no Vietnã faz parte de um padrão mais amplo de objetivos [chineses] agressivos." O secretário da Defesa McNamara, numa sessão de esclarecimentos para a imprensa naquele mesmo mês, observou que a alternativa a lutar no Vietnã era um Sudeste Asiático dominado pelos chineses, o que significaria uma "Ásia Vermelha". Se os Estados Unidos se retirassem do Vietnã, ele alertou, ocorreria uma mudança completa no equilíbrio de poder mundial.

A determinação dos Estados Unidos para demonstrar sua credibilidade como uma potência que enfrentava a agressão com coragem de aço e honrava seus compromissos com os aliados fundia-se de forma inconsútil com uma tendência contra a China na política americana. Em uma avaliação típica, o conselheiro de segurança nacional McGeorge Bundy alertou Johnson no início de 1965: "O prestígio internacional dos Estados Unidos e uma parte substancial de nossa influência estão em risco no Vietnã". Johnson e seus principais conselheiros, bem como toda uma geração de Combatentes Americanos da Guerra Fria, estavam convencidos de que a credibilidade dos Estados Unidos deveria ser preservada a quase todo e qualquer custo. Era o elemento indispensável para manter unido todo o sistema de alianças dos Estados Unidos na Guerra Fria, além de ser o principal freio para a agressão comunista.

Os imperativos da política também influenciaram as decisões políticas americanas. No início de seu mandato, Kennedy confessou a um jornalista sobre a situação deteriorante no Vietnã: "Não posso ceder um território como este para os comunistas e depois querer que o povo americano me reeleja". Tanto JFK quanto LBJ preocupavam-se com a possibilidade de que a perda do Vietnã do Sul para os comunistas desencadeasse nos Estados Unidos um incêndio político que paralisaria o país – e destruiria seus respectivos mandatos presidenciais. Segundo o conselheiro político Jack Valenti, Johnson estava convencido de que os republicanos e os democratas conservadores "fariam picadinho dele" se não se mantivesse firme contra o comunismo no Sudeste Asiático. Ele também se preocupava com um possível desvirtuamento de seu ambicioso programa de reforma interna no Congresso caso ocorresse uma derrota humilhante no Vietnã sob a sua guarda.

Se as forças que impeliam os Estados Unidos para a guerra na Indochina eram fortes, não chegavam a ser irresistíveis. A administração Johnson, que atravessou o Rubicão no início de 1965 com suas decisões geminadas de iniciar uma campanha de bombardeios em grande escala contra o Vietnã do Norte e enviar tropas de combate americanas para o Vietnã do Sul, poderia ter optado por um acordo negociado, como fez a administração Kennedy no Laos em 1961-1962. Eleitores poderosos nos Estados Unidos, especialmente no Congresso e na mídia influente, bem como as principais vozes nas capitais aliadas, exigiam exatamente esse curso de ação, primeiro de Kennedy e depois de Johnson. Em agosto de 1963, o presidente francês Charles de Gaulle reivindicou um Vietnã neutralizado, oferecendo aos Estados Unidos uma brecha para salvar a sua reputação. Nem Kennedy, nem Johnson, entretanto, aceitaram uma alternativa diplomática que eles consideravam equivalente à derrota. Os líderes americanos descreviam sua tenacidade obstinada no Vietnã do Sul como plenamente coerente com os compromissos anteriores da Guerra Fria. "O desafio que enfrentamos no Sudeste Asiático hoje", insistiu Johnson num discurso de agosto de 1964, "é o mesmo desafio que temos enfrentado com coragem e que temos combatido com energia na Grécia e na Turquia, em Berlim e na Coreia, no Líbano e na China." A defesa de Saigon, enfatizava frequentemente o secretário de Estado Dean Rusk, era tão importante para a segurança do "Mundo Livre" quanto a defesa de Berlim Ocidental.

Desde o início, os aliados-chave da OTAN discordaram. A maioria não julgava a possível vitória das forças comunistas no Vietnã nos mesmos termos apocalípticos empregados por seus parceiros americanos. Em oposição aos formuladores de políticas em Washington, eles viam o Sudeste Asiático como algo secundário para a segurança ocidental, minimizavam a existência da ameaça regional chinesa que tanto afligia os americanos e contestavam a relevância de um regime sul-vietnamita atolado em corrupção e incompetência para a posição global do Ocidente na Guerra Fria em andamento. Os aliados dos Estados Unidos zombavam, embora raramente em público, do esforço americano para tornar a defesa de Saigon sinônimo da defesa de Berlim.

Por sua vez, os líderes do Vietnã do Norte se mostraram tão resolutos e determinados como teimosos. Seu compromisso com a reunificação do Vietnã sob o jugo comunista manteve-se inalterado. "Se os Estados Unidos ousarem começar uma guerra [maior], o premiê Pham Van Dong disse a Mao, em outubro de 1964, "nós a travaremos, e venceremos. Mas seria melhor que não chegássemos a tanto."

Pois chegou-se. Assombrados pelos temores das consequências – estratégicas, psicológicas e políticas – de uma derrota no Vietnã, Johnson e seus principais conselheiros optaram conscientemente pela guerra em detrimento da acomodação diplomática. Entre 1965 e 1968, a administração Johnson despejou recursos e homens no Vietnã do Sul numa campanha infrutífera para esmagar uma insurgência popular, enquanto tentava simultaneamente sustentar uma série de governos impopulares e ineficazes em Saigon. Moscou e Beijing, por sua vez, forneciam a Hanói o equipamento e a ajuda militar de que os norte-vietnamitas muito precisavam, complicando ainda mais a tarefa americana e emprestando um matiz Leste-Oeste adicional ao conflito. Enquanto a guerra se arrastava inconclusivamente, as fileiras dos dissidentes inchavam nos Estados Unidos e no exterior, e o consenso da Guerra Fria, que havia sustentado os compromissos ultramarinos americanos nas duas décadas anteriores, começou a rachar. A grande ofensiva Tet do inimigo no início de 1968 deixou a descoberto as contradições da estratégia militar dos Estados Unidos no Vietnã – e, ainda mais fundamentalmente, os limites do poder americano.

A década agrupada entre as crises de Taiwan e Berlim de 1958 e a ofensiva Tet de 1968 marcou uma transformação capital na Guerra Fria. O conflito Leste-Oeste atingiu defensavelmente o seu ponto mais arriscado entre 1958 e 1962, culminando com a memorável Crise dos Mísseis Cubanos. Depois desse momento, as relações soviético-americanas experimentaram um degelo para tornarem a se endurecer com a escalada dos Estados Unidos no Vietnã. Não obstante, apesar da Guerra do Vietnã, os Estados Unidos e a União Soviética conseguiram evitar qualquer outro grande confronto durante a metade e o final da década de 60, mantendo ao menos parte do *momentum* positivo engendrado pela aproximação após a Crise dos Mísseis Cubanos. Em 1968, as superpotências estavam realmente avançando aos poucos para um acordo histórico sobre a limitação de armas estratégicas. A natureza mutável da dinâmica da Guerra Fria no interior de cada país – tanto no Oeste quanto no Leste – ajudou a tornar possível esse grande avanço.

Capítulo 6

Guerras Frias dentro de cada país

A Guerra Fria exerceu um impacto tão profundo e tão multifacetado na estrutura da política internacional e nas relações Estado a Estado que se tornou costumeiro chamar o período de 1945 a 1990 de "a era da Guerra Fria". Essa designação torna-se ainda mais adequada quando se considera a poderosa marca que a luta soviético-americana pelo domínio mundial e pela supremacia ideológica deixou *dentro* de muitos dos estados-nações do mundo, que é o tema deste capítulo. Todo o desenvolvimento de grande importância que ocorreu entre 1945 e 1990 não pode ser ligado, é claro, à Guerra Fria. Da mesma forma, não se pode escrever uma história da segunda metade do século XX sem uma avaliação sistemática da repercussão poderosa e muitas vezes deturpadora do conflito das superpotências nos Estados e nas sociedades do mundo.

As suas repercussões em cada país têm recebido muito menos atenção sistemática dos estudiosos que a dinâmica internacional da Guerra Fria. Este capítulo oferece simplesmente um apanhado geral de pinceladas sobre esse imenso tópico. Sugere algumas das maneiras pelas quais a Guerra Fria afetou a constelação interna de forças no Terceiro Mundo, na Europa e nos Estados Unidos.

O Terceiro Mundo: descolonização, formação dos Estados e geopolítica da Guerra Fria

O surgimento de dúzias de estados-nações recém-independentes por toda a extensão do Terceiro Mundo, junto com o processo de descolonização por vezes sangrento, invariavelmente apinhado de conflitos, que lhes deu origem, não só coincidiu no tempo com a Guerra Fria, como foi inextricavelmente modelado por ela. Na verdade, a luta abrangente pelo poder e pela influência global entre os Estados Unidos, a União Soviética e seus respectivos aliados é que produziu o próprio termo "Terceiro Mundo". Clichê político conveniente que aglomerava de modo um tanto frouxo as áreas predominantemente pobres, não brancas e não comprometidas do planeta, o Terceiro Mundo conotava no início uma arena de contestação entre o Oeste e o Leste, os assim chamados Primeiro e Segundo Mundos. As pressões da Guerra Fria às vezes exacerbaram, em outras ocasiões facilitaram, a transição do colonialismo para a independência. Embora o impacto particular da Guerra Fria tenha variado muito de uma luta fim de império para outra, a disputa das superpotências avultava sempre como uma variável externa de capital importância. Qualquer história de descolonização seria incompleta se deixasse de examinar as múltiplas formas pelas quais o conflito das superpotências impactou o processo – dos movimentos pela liberdade no sul e sudeste da Ásia em meados e no final da década de 40, que inauguraram a era da descolonização, até a resistência dos africanos ao domínio colonial português no início e em meados da década de 70, que a finalizou.

A formação de novos Estados pós-coloniais em grande parte da Ásia, da África, do Oriente Médio e também em regiões do Caribe desenrolou-se igualmente contra o pano de fundo sempre presente da Guerra Fria. A forma, a coesão e a vitalidade desses Estados; a configuração interna de poder dentro deles; a sua capacidade de conquistar atenção e prestígio internacionais; os planos de seus líderes para assegurar recursos, capital e assistência técnica externos a fim de satisfazer as prioridades do desenvolvimento econômico ou para obter assistência militar a fim de suprir as necessidades de defesa – tudo foi significativamente afetado pela Guerra Fria. Em muitos aspectos, a história da formação dos Estados no período pós-Segunda Guerra Mundial – assim como a história da descolonização – simplesmente não pode ser escrita sem que se preste uma atenção cuidadosa e sistemática a essa importante variável externa.

A Guerra Fria apresentou aos potenciais líderes do Terceiro Mundo uma série complexa de problemas, desafios e oportunidades. Isso se tornou a princípio evidente durante as lutas anticoloniais no início do período pós-guerra no Sudeste Asiático. Ho Chi Minh e Sukarno pediram assistência aos Estados Unidos logo depois da rendição do Japão, formulando suas solicitações em termos do apoio histórico dos Estados Unidos à autodeterminação. Todavia, os dois ficaram rapidamente desanimados ao descobrir que o compromisso da administração Truman com seus aliados europeus da Guerra Fria tinha prioridade, impedindo, ao menos inicialmente, qualquer compromisso diplomático ou material com seus respectivos movimentos de independência. Ho, agente veterano do Comintern e membro fundador do Partido Comunista da Indochina, voltou-se para a União Soviética e para a República Popular da China em busca de apoio, que ele começou a receber no início de 1950.

Sukarno, por outro lado, provou a sua *bona fides* anticomunista reprimindo uma campanha comunista interna que procurava ganhar o controle do mais amplo movimento de independência indonésio. Reprimindo a rebelião Madiun de 1948, os nacionalistas indonésios demonstraram o caráter moderado de seu movimento; esse acontecimento convincente fazia parte de uma estratégia totalmente consciente para obter o apoio ocidental, sobretudo o americano. A estratégia acabou sendo um sucesso na medida em que a administração Truman pressionou a Holanda no ano seguinte para que concedesse a independência ao que os americanos julgavam ser uma liderança indonésia relativamente confiável e inteiramente anticomunista.

As trajetórias radicalmente divergentes de campanhas semelhantes em prol do autogoverno nacional, montadas pelos nacionalistas vietnamitas e indonésios, ilustram claramente a importância da dinâmica da Guerra Fria *dentro das* sociedades do Terceiro Mundo. Esses casos também iluminam as opções diferentes à disposição dos estadistas nativos quando estes tentam navegar em meio aos bancos de areia traiçoeiros da política das grandes potências. Nos extremos, esses líderes podiam procurar obter o apoio americano demonstrando ou afiançando as suas convicções anticomunistas, o seu caráter moderado e as suas tendências pró-ocidentais; ou, alternativamente, podiam tentar conquistar o apoio soviético ou chinês acentuando as suas credenciais revolucionárias e antiocidentais.

No mundo essencialmente bipolar que todos os movimentos de independência no Terceiro Mundo enfrentaram desde meados da década de 40 até meados da década de 70, era difícil evitar a pressão para se alinhar a um ou outro campo ideológico e seu sistema de aliança militar – especialmente porque os benefícios concretos podiam fluir ou ser bloqueados como resultado da opção escolhida. Quanto mais contestada a campanha pela independência, mais os que buscavam essa independência sentiam necessidade do apoio de um ou outro dos dois blocos. Além disso, quando as coalizões anticoloniais rompiam-se, como aconteceu no Congo em 1960 e em Angola em 1974-1975, a tentação de obter apoio de patronos diferentes entre as superpotências se mostrava irresistível para as facções em disputa. As visões particulares dos líderes nacionalistas para o futuro, que costumavam abarcar transformações socioeconômicas de longo alcance em suas terras nativas, complicavam ainda mais as escolhas que lhes eram impostas pelas pressões do conflito entre as superpotências. Retirar-se do bloco de poder ocidental, com suas suspeitas arraigadas em relação àqueles inclinados a marchar ao som dos tambores socialistas, poderia restringir certos caminhos políticos de desenvolvimento no país, comprometendo a liberdade de escolha pela qual as elites nacionais fundadoras invariavelmente ansiavam. Retirar-se do bloco socialista, por outro lado, certamente minimizaria, e talvez até eliminasse, a opção de fazer uso de lisonjas para obter dólares e apoio da nação mais poderosa e mais rica do mundo.

Com a independência, os recém-fundados Estados do Terceiro Mundo enfrentavam uma série igualmente aguda de dilemas. Alguns procuravam ativamente o alinhamento com os Estados Unidos, porque um compromisso formal com o Ocidente parecia adequar-se melhor às principais necessidades internas. No caso do Paquistão, por exemplo, as suas elites governantes buscaram com vigor uma conexão americana desde os primeiros tempos de seu frágil país, tornando-se um aliado formal em meados da década de 50 por meio da negociação de um acordo de segurança bilateral com Washington e da participação em dois pactos multilaterais. A conexão americana forneceu ao Paquistão uma proteção menos contra a União Soviética que contra a Índia, sua principal rival regional, ou assim acreditavam as principais autoridades do Paquistão. Ela oferecia um meio de assegurar a sobrevivência de um experimento muito precário em matéria de construção de nação, dada a forma de governo étnica, linguística e geograficamente dividida do Paquistão, enquanto reforçava naquele Estado a posição dominante do grupo étnico Punjabi, que havia pressionado de maneira muito agressiva pela ajuda americana e pelo alinhamento ocidental. Durante toda a década e meia que se seguiu, os compromissos do Paquistão na Guerra Fria, somados à ajuda militar e econômica deles resultante, modelaram poderosamente a constelação interna de forças no país. A aliança com os Estados Unidos sustentava, em particular, a elite Punjabi e os militares paquistaneses em detrimento de outros concorrentes internos que também disputavam o poder, distorcendo o equilíbrio político da nação quase desde a sua concepção.

No caso da Tailândia, para citar outro exemplo marcante, seus líderes procuravam uma conexão americana por uma causa de mistura semelhante de razões. Cobiçavam um protetor externo como parte de uma estratégia nacional de longa data, inspirada pelo temor tradicional em relação à China, seu vizinho gigantesco e potencialmente ameaçador – fosse comunista ou não. A Guerra Fria forneceu às elites Thai um meio de assegurar esse protetor externo, uma vez que suas necessidades por acaso se ajustavam à busca americana de aliados no Terceiro Mundo. Como seus congêneres no Paquistão, os líderes militares Thai também procuravam uma conexão americana e os dólares que assim haveriam de jorrar, com o objetivo de aumentar seu controle interno do poder e calar as vozes dissidentes. Dessa maneira, o curso da história moderna Thai foi profundamente alterado.

Embora cada circunstância particular revele naturalmente características singulares, existe sem dúvida um padrão mais amplo em que se pode ver que aquelas nações do Terceiro Mundo que optaram pelo alinhamento ocidental assim agiram mais por razões internas que por medo do comunismo e que os desenvolvimentos internos subsequentes dentro daqueles Estados foram profundamente influenciados como consequência de sua opção. Países diversos, como o Iraque, o Irã, a Arábia Saudita, a Turquia, o Paquistão, as Filipinas, o Ceilão, a Coreia do Sul e a Tailândia – para mencionar apenas alguns dos mais proeminentes –, descobriram que suas prioridades internas, os recursos disponíveis e o equilíbrio interno de forças foram gravemente afetados pelas decisões tomadas pelos seus líderes em prol de um alinhamento formal ou informal com o Ocidente. Alguns eram certamente Estados recém-emergentes, produto das lutas pela independência; outros eram Estados muito mais antigos, cujo status de entidades autogovernáveis havia sido comprometido, mas nunca completamente extinto, pelo império ocidental. Entretanto, apesar dessas histórias amplamente divergentes, a forte marca deixada pela Guerra Fria em cada um deles continua inequívoca.

A estratégia de um estudado não alinhamento atraiu outro grupo de líderes do Terceiro Mundo, aqueles para quem as metas nacionais importantes poderiam ser mais eficazmente alcançadas se fosse evitado um compromisso formal com o Oeste ou com o Leste. Sukarno, da Indonésia, Gamal Abdel Nasser, do Egito, Kwame Nkrumah, de Gana e Jawaharlal Nehru, da Índia, entre outros, lutaram conscientemente para que suas nações adotassem uma posição de independência em relação a qualquer um dos blocos de poder da Guerra Fria. Os fatores complexos que estavam por trás de seus cálculos ao optarem por uma trajetória não alinhada são amplamente ilustrativos. "Quando as relações exteriores escapam de nosso controle para ficarem a cargo de alguma outra pessoa", alertou Nehru, "nessa condição e nessa medida deixamos de ser independentes." O primeiro entre os primeiros-ministros da Índia estava convencido de que sua jovem nação seria capaz de maximizar sua estatura internacional e influência nos conselhos mundiais, assumindo o papel de uma terceira força nas relações internacionais. Agindo desse modo, o Partido do Congresso então no poder, que tinha Nehru entre seus membros, poderia evitar a alienação de algumas forças políticas poderosas na forma de governo notavelmente diversa da Índia, alienação que teria sido o resultado inevitável de um compromisso formal com o Oeste ou com o Leste. Mantendo-se a distância das esferas de influência americana ou soviética, os planejadores indianos calculavam que seria possível atrair de ambos os campos a necessária assistência para o desenvolvimento. "Mesmo aceitando ajuda econômica", um Nehru realista confidenciou a um assessor, "não é uma política prudente colocar todos os nossos ovos num único cesto." Sukarno, Nasser, Nkrumah e outros teriam concordado entusiasticamente com esse sentimento. Para grande consternação dos combatentes da Guerra Fria americanos, que comumente exibiam uma mentalidade de ou-você-está--conosco-ou-contra-nós, Washington foi forçado a competir pelas nações não alinhadas ou neutras do Terceiro Mundo.

Em suma, deve-se reconhecer a ação dos atores do Terceiro Mundo, que tentavam utilizar a realidade internacional dominante de sua era, a Guerra Fria, para maximizar potenciais benefícios – ou ao menos minimizar potenciais danos. Deve-se também reconhecer, porém, que muitas das consequências da Guerra Fria para os povos e sociedades do Terceiro Mundo revelaram-se tão inesperadas quanto fora do controle dos atores locais. A esse respeito, vale tornar a enfatizar que o Terceiro Mundo surgiu já em 1950 como o principal campo de batalha da Guerra Fria. Os conflitos com raízes locais – desde Coreia, Congo e Vietnã até Angola, Afeganistão e Nicarágua – tornaram-se exponencialmente mais custosos, porque o conflito das superpotências também lhes foi sobreposto. Vale lembrar aqui que o grosso dos estimados 20 milhões que morreram nas guerras que se alastraram pelo globo entre 1945 e 1990 era formado por vítimas dos conflitos no Terceiro Mundo, a maioria dos quais estava ligada ao menos indiretamente à Guerra Fria.

O impacto da Guerra Fria na Europa

O impacto da Guerra Fria na Europa oferece o mais forte dos contrastes. Se pode ser responsabilizada por grande parte da guerra, devastação e instabilidade que arruinou as áreas emergentes entre 1945 e 1990, a disputa soviético--americana merece, por outro lado, grande parte do crédito pelo período inédito de paz, prosperidade e estabilidade experimentado pelos europeus. Ironicamente, uma luta ideológica e geopolítica que começou como um conflito a respeito do destino da Europa acabou não só poupando a Europa, mas estabelecendo os fundamentos essenciais para o desenvolvimento econômico mais sustentado da história europeia. Esse progresso foi acompanhado e tornado possível por uma paz duradoura em todo o continente e por um rápido movimento em direção à integração política e econômica na Europa Ocidental, sendo cada um desses desenvolvimentos incitado pela Guerra Fria. A "Era de Ouro" da expansão e da produtividade capitalista, que abrange desde o final dos anos 40 até o início dos anos 70, coincidiu basicamente com as primeiras duas décadas e meia da Guerra Fria – e foi fomentada, de forma significativa, por essa mesma guerra. Aqueles anos testemunharam "a revolução mais dramática, rápida e profunda nas relações humanas de que a história tem registro", na avaliação perspicaz do historiador Eric Hobsbawn. "Para muitos daqueles que tinham vivido durante a Depressão e a guerra", acrescenta o historiador John Young, "a Europa Ocidental parecia a terra prometida."

As tendências na segurança, na economia e na política vieram a se reforçar mutuamente na Europa da Guerra Fria. Os cerca de US$ 13 bilhões injetados na Europa Ocidental pelo auxílio americano do Plano Marshall, entre 1948 e 1952, certamente ajudaram a estimular o grande desenvolvimento do pós-guerra, ainda que os historiadores continuem a debater sobre o peso exato que se deve atribuir à contribuição americana. O "guarda-chuva de segurança" americano, o apoio e o estímulo americano à integração da Alemanha Ocidental na Europa Ocidental, bem como o movimento paralelo para uma integração regional mais ampla, também desempenharam um papel instrumental. Os estadistas da Europa Ocidental às vezes seguiam a liderança americana, mas com igual frequência tomavam eles próprios a iniciativa, agarrando as oportunidades oferecidas pela Guerra Fria, pela ocupação da Alemanha e pelo novo interesse americano nos assuntos europeus para forjar o tipo de mudanças regionais e reformas econômicas e sociais internas que julgavam necessárias. Eles e seus financiadores americanos reconheceram desde o início, como observa o historiador Herman-Josef Rupieper, "que, para a prosperidade e a democracia florescerem na metade ocidental de uma Europa dividida, os europeus ocidentais, com ajuda e proteção americanas, teriam de rumar para um sistema político, militar e econômico integrado". Os líderes dos principais Estados da Europa Ocidental estavam também muito conscientes de que o problema da Alemanha, uma praga para a segurança do continente por gerações, precisava ser resolvido a fim de que a produtividade alemã pudesse ser utilizada na recuperação econômica da Europa sem que a Alemanha aparecesse de novo como uma ameaça militar.

Eles agiram com criatividade e determinação na busca de soluções para esses problemas. Em julho de 1952, França, Itália, República Federal da Alemanha, Bélgica, Holanda e Luxemburgo formaram a Comunidade Europeia do Carvão e do Aço. Em março de 1957, num passo ainda mais ousado e mais significativo em direção à unidade, as mesmas seis nações assinaram os tratados de Roma estabelecendo uma Comunidade Econômica Europeia (EEC) e uma Comunidade Europeia da Energia Atômica (EURATOM). Uma aproximação histórica entre França e Alemanha facilitou o desenvolvimento dessas instituições supranacionais bem-sucedidas. "Alemanha e França são vizinhos que travaram guerra entre si inúmeras vezes ao longo dos séculos", exclamou o chanceler da Alemanha Ocidental Konrad Adenauer. "Uma loucura europeia que deve terminar de uma vez para sempre." As taxas de crescimento impressionantes dos países da EEC, que estavam na vanguarda do desenvolvimento econômico da Europa Ocidental, demonstravam as vantagens tangíveis de trocar a competição militar pela cooperação econômica. Em 1960, "os Seis" eram responsáveis em conjunto por um quarto da produção industrial do mundo e por dois quintos do comércio internacional global.

Os cidadãos comuns da Europa Ocidental foram os principais beneficiários desses desenvolvimentos. O crescimento econômico sustentado propiciou-lhes salários mais elevados, semanas de trabalho mais curtas, benefícios sociais generosos e melhores serviços de saúde e educação. O sucesso da fórmula produtivista – em síntese, asse um bolo maior e todos se beneficiarão – também contribuiu para a estabilidade política, diminuiu a tensão tradicional entre a mão de obra e o capital e boicotou o charme dos partidos comunistas da Europa Ocidental. O desemprego praticamente desapareceu, sendo em média apenas 2,9% em toda a Europa Ocidental na década de 50 e mero 1,5% na de 60. Durante os anos 1950, a renda per capita na Alemanha Ocidental cresceu, na média, 6,5% anualmente; na Itália, 5,3%; na França, 3,5%. Em comparação com o passado, verdadeiros paraísos do consumidor foram criados na Europa da Guerra Fria; as pessoas da classe operária e da classe média ganhavam uma renda cada vez mais compatível com a aquisição de mercadorias que antes haviam sido prerrogativa dos ricos. Na Itália, por exemplo, a posse de um carro próprio pulou de 469.000 unidades em 1938 para 15 milhões em 1975. A posse de refrigeradores cresceu de apenas 8% dos lares britânicos em 1956 para 69% em 1971. Em 1973, 62% das famílias francesas tiravam férias anuais, mais que o dobro do número de famílias que podiam se dar a esse luxo em 1958. Reveladoramente, o primeiro-ministro britânico Harold Macmillan pediu votos na eleição geral de 1959 com o extraordinário slogan: "Vocês nunca tiveram uma vida tão boa".

Durante as primeiras décadas do pós-guerra, os consumidores da Europa Ocidental preencheram a lacuna que os separara por muito tempo de seus congêneres americanos. Na década de 60, todos possuíam o que David Reynolds identifica como os atributos essenciais das sociedades orientadas para o consumo: "mercadorias domésticas de produção em massa, uma população crescente com rendas em elevação, expansão do crédito e propaganda agressiva". Na medida em que a Guerra Fria consistiu também na batalha pelos corações, pelas mentes e pelos estômagos dos cidadãos comuns, o sucesso espetacular das economias capitalistas durante o terceiro quartel do século XX sustentou substancialmente as reivindicações políticas e ideológicas dos Estados Unidos e seus aliados ocidentais.

As deficiências concomitantes das economias planificadas de estilo soviético na Europa Oriental, que lutavam para satisfazer as necessidades básicas das populações locais, fortaleciam ainda mais as pretensões de superioridade ocidentais. Da década de 60 em diante, abriu-se uma lacuna cada vez maior entre as condições materiais nas metades oriental e ocidental da Europa. Depois da Segunda Guerra Mundial, as sociedades predominantemente agrárias a leste do rio Elba passaram por uma transição abrupta do capitalismo para o socialismo – sob o olhar vigilante de Stalin. Imitando de perto o modelo soviético, os partidos comunistas no poder na Europa Oriental deram início a políticas de industrialização rápida e forçada, enquanto subordinavam os impulsos nacionalistas aos imperativos do "internacionalismo proletário", definido por Moscou. Sem dúvida, resultaram benefícios para os cidadãos comuns: melhorias no serviço de saúde, aperfeiçoamento na alimentação, queda das taxas de mortalidade, expansão do acesso à educação, consecução do pleno emprego. Porém, esses ganhos cobraram um preço bastante elevado em países nos quais a repressão política, a perseguição religiosa, a supressão das liberdades individuais e a conformidade ideológica imposta com energia tornaram-se a norma, como haviam sido por muito tempo na própria União Soviética. As economias planificadas da Europa Oriental e da União Soviética registraram um progresso impressionante no final da década de 50, suplantando as economias da Europa Ocidental em termos de taxas de crescimento anuais. Nos anos 60, entretanto, esse crescimento desacelerou consideravelmente, quando se tornaram cada vez mais evidentes os problemas inerentes aos modelos de planejamento descendente (*top-down*), somados à incapacidade dos Estados do bloco oriental para satisfazer as crescentes demandas dos consumidores.

Um padrão similar se viu na União Soviética. As taxas de crescimento soviéticas caíram de 5,2% ao ano na década de 1960 para 3,7% na primeira metade da década de 1970; 2,6% na segunda metade dessa década; e para menos 2% de 1980 a 1985. Basicamente, cidadãos da União Soviética, que padeciam com salários estagnados, condições de vida sem perspectivas e frequente escassez de bens de consumo essenciais se viam, como seus compatriotas do Leste europeu, muito distantes do paraíso dos trabalhadores prometido por Marx.

> ### A Doutrina Brezhnev
>
> O Politburo soviético decidiu usar a força para eliminar a agitação do pluralismo político na Tchecoslováquia por receio de que o contágio do liberalismo se espalhasse por toda a Europa Oriental, solapando a autoridade do Kremlin. Em 26 de setembro de 1968, o jornal oficial *Pravda* publicou o que veio a ser chamado de Doutrina Brezhnev para justificar a invasão. Dizia que os líderes nacionais podiam seguir caminhos separados de desenvolvimento, mas apenas se esses caminhos não causassem dano ao socialismo no país, nem ao movimento socialista mais amplo. Em outras palavras, o Kremlin traçaria os limites da diversidade na Europa Oriental.

As campanhas periódicas para liberalizar os sistemas econômico e político em cada um dos Estados do Pacto de Varsóvia cambalearam durante as décadas de 50 e 60. A União Soviética, quer sob o rígido Stalin, quer sob o mais flexível Kruschev, quer sob o austero Brezhnev, simplesmente não estava disposta a tolerar uma reforma estrutural genuína ou uma verdadeira diversidade política em sua esfera de influência. O florescimento e a rápida morte da "Primavera de Praga" de 1968 deixaram os limites da liberalização dolorosamente claros. Em janeiro daquele ano, Alexander Dubcek, um líder comunista reformista, assumiu o poder na Tchecoslováquia. Ele deu o máximo de si para satisfazer o clamor popular tcheco em prol de maior liberdade política e reformas econômicas significativas, mantendo ao mesmo tempo o apoio da União Soviética e a unidade de seu Partido Comunista então no poder. Isso se revelou um ato de equilíbrio impossível. Durante a noite de 20 de agosto de 1968, os tanques soviéticos entraram na Tchecoslováquia e, tal como na Hungria doze anos antes, esmagaram um ensaio esperançoso de pluralismo político. Sabiamente, os tchecos optaram por não resistir, poupando milhares de vidas. Desse ponto em diante, não havia mais dúvida de que o controle soviético na Europa Oriental baseava-se, em última análise, na força bruta e na vontade de usá-la.

O ano de 1968 marcou também uma conjuntura importante na história interna da Europa Oriental na Guerra Fria. Em maio, estudantes e trabalhadores em Paris promoveram uma série de passeatas que quase derrubaram o governo de Gaulle. Os protestos franceses foram apenas o mais drástico de uma série de desafios às estruturas predominantes de poder que varreram a Europa Ocidental e os Estados Unidos em 1968. Embora cada movimento tivesse as suas particularidades locais, o florescimento de uma cultura jovem, a "Nova Esquerda", e um espírito iconoclasta e antiautoritário na maioria das democracias ocidentais sugerem laços comuns entre eles. O próprio sucesso da ordem da Guerra Fria na Europa Ocidental parecia ter criado uma nova geração que aceitava como naturais os principais frutos dessa ordem – paz, estabilidade, abundância material, benefícios sociais reforçados e oportunidades educacionais. Na França, na Itália, na

Alemanha Ocidental e em outras partes, essa nova geração, eletrizada em parte pela intervenção americana impopular no Vietnã, começou a questionar algumas das verdades centrais da Guerra Fria. A contenção do comunismo precisava de intervenções sangrentas no Terceiro Mundo? A União Soviética ainda era uma ameaça? Ainda se justificava a presença de tropas americanas e armas nucleares em solo europeu? As políticas ocidentais alternativas podiam reduzir a chance de um Armagedon nuclear? Os fatos vieram a demonstrar que o consenso da política externa e militar da Guerra Fria começou a desmoronar na Europa Ocidental, então próspera, junto com a ordem política que ela fomentara.

O impacto da Guerra Fria nos Estados Unidos

A Guerra Fria também deixou uma marca indelével no Estado e na sociedade americanos. Na verdade, não deixou nenhum aspecto da vida americana intocado. Como resultado direto dos temores de segurança provocados pela ameaça comunista/soviética, o governo federal assumiu um poder e uma responsabilidade imensamente exacerbados, a "presidência imperial" ocupou o centro do palco, um aumento substancial nos gastos de defesa tornou-se uma característica permanente do orçamento federal e um complexo militar-industrial deitou raízes na sociedade americana. As amplas mudanças pós-1945 nos padrões residenciais e nas estruturas ocupacionais do país também são, em grande medida, um subproduto da Guerra Fria, assim como a cooptação de inovações científicas e tecnológicas para fins relacionados à esfera militar e a concomitante transformação de muitas universidades de prestígio em locais proeminentes de pesquisa patrocinada pelo governo. Muitas prioridades nacionais específicas foram modeladas de modo semelhante e, em alguns casos, explicitamente justificadas pela Guerra Fria: desde a proposta de um sistema de rodovias interestaduais, apresentada por Eisenhower, ao aumento de gastos federais em educação e à exploração espacial. Até mesmo a trajetória do movimento dos direitos civis foi influenciada pelo conflito soviético-americano, embora de maneira contraditória. Os segregacionistas tentaram inicialmente desvirtuar a luta dos negros pela liberdade pichando os adeptos dessa causa com as tintas do comunismo, mas sua campanha acabou contrabalançada pelo fato de as administrações Eisenhower e Kennedy reconhecerem que a continuação do sistema de subordinação racial nos Estados sulistas e a recusa dos direitos essenciais aos afro-americanos manchavam a imagem global dos Estados Unidos, formando assim um passivo inaceitável da Guerra Fria.

Política, cultural e psicologicamente, a Guerra Fria alterou o perfil da vida americana de múltiplas formas. A conformidade ideológica exigida por muitas das elites políticas da nação provocou um estreitamento dos limites admissíveis do discurso político, colocando vários movimentos reformistas na defensiva e deixando alguns liberais vulneráveis a acusações de radicalismo e deslealdade. A "caça aos vermelhos" e a culpa por associação com pessoas suspeitas tornaram-se uma tática comum, ainda que deplorável, nas eleições locais e nacionais, na política sindical e nas investigações de funcionários do governo, professores e membros da indústria cinematográfica, entre outros. O historiador Stephen J. Whitfield responsabiliza a Guerra Fria "pela sufocação da liberdade e pelo aviltamento da própria cultura" nos Estados Unidos, especialmente durante a década de 50. Ela fomentou uma repressão, ele argumenta, que "enfraquecia o legado de liberdades civis, contestava os padrões de tolerância e equidade e manchava a própria imagem da democracia". Os estudiosos Peter J. Kuznick e James Gilbert localizam o maior impacto da Guerra Fria no âmbito difuso da psicologia social: "Ela persuadiu milhões de americanos", eles escrevem, "a interpretar seu mundo em termos de inimigos insidiosos no país e no exterior que os ameaçavam com a aniquilação nuclear ou outras formas de extermínio". Em suma, o medo difundido de inimigos internos e externos constitui um legado-chave da Guerra Fria.

Sem dúvida, o temor de toda a sociedade diante da ameaça potencial que o comunismo representava *dentro dos* Estados Unidos é uma das manifestações mais imediatas e impressionantes da Guerra Fria no país. Esse temor era incubado por um determinado conjunto de elites para seus próprios fins. Havia comunistas nos Estados Unidos, certamente, ainda que não fossem muitos. O Partido Comunista americano vangloriava-se de ter cerca de 32.000 membros em 1950, o mesmo ano em que o mais notório anticomunista, o senador por Wisconsin Joseph McCarthy, lançou sua primeira cruzada sensacionalista contra as supostas hordas de comunistas que, ele acusava, residiam nas salas do próprio governo americano. Para considerar esse número em perspectiva, o total de membros da Igreja Luterana Evangélica finlandesa era igual ao dos associados do Partido Comunista. Havia também comunistas ou simpatizantes do comunismo no ramo executivo do governo, apesar de nunca serem mais que um punhado. O caso mais importante foi o de Alger Hiss, um ex-funcionário de nível médio no Departamento de Estado que espionou para a União Soviética e foi condenado por perjúrio num julgamento acompanhado de perto em 1948. A espionagem de Hiss fazia parte de uma grande operação nos Estados Unidos. Entretanto, McCarthy e outros políticos sectários exageravam deliberadamente o problema, manipulando os temores públicos para fazer avançar sua própria carreira. O fato de que o bombástico McCarthy tivesse escolhido ninguém menos que George Marshall para vilipendiar em determinado momento aponta a tática inescrupulosa e a desonestidade fundamental do senador. O altamente respeitado ex-general e ex-secretário de Estado e Defesa, declarou McCarthy, fazia parte de "uma conspiração tão imensa e de uma infâmia tão negra a ponto de eclipsar qualquer iniciativa anterior desse tipo na história humana". Tampouco estava sozinho em fazer acusações absurdas para manter os adversários políticos na defensiva. O congressista da Califórnia, senador Richard M. Nixon, por exemplo, o principal acusador de Hiss, devia sua escalada até atingir proeminência nacional à reputação que desenvolveu por perseguir os subversivos comunistas com incomum obstinação. Como companheiro da chapa de Eisenhower em 1952, Nixon atacou certa vez o candidato democrata à presidência Adlai Stevenson por ser um "conciliador" com título de "Ph.D. obtido na escola covarde de contenção comunista de Dean Acheson".

Que Francis Cardinal Spellman, o arcebispo de Nova York e o prelado católico mais proeminente do país, fosse um defensor fervoroso de McCarthy é algo que diz muito sobre o apoio das instituições religiosas à cruzada anticomunista americana. Spellman rimava patriotismo com anticomunismo virulento e uma oposição intransigente à União Soviética, desprovida de Deus. "Um americano de verdade", ele insistiu em 1947, "não pode ser nem um comunista nem tolerar comunistas, e entendemos que a principal lealdade de cada americano é vigilantemente combater e arrancar a erva daninha do comunismo [...]." Numa toada similar, o reverendo Billy Graham frequentemente pregava contra o comunismo como sendo "a versão religiosa de Satã". O pregador evangélico mais popular dos Estados Unidos na época da Guerra Fria, Graham alegava que o comunismo fora "forjado pelo próprio Satã". Só o revivalismo religioso por ele defendido e personificado poderia salvar os Estados Unidos do flagelo do comunismo ateu defendido pelos soviéticos. "Apenas se milhões de americanos se voltarem a Jesus Cristo neste momento e o aceitarem como salvador poderá, talvez, esta nação ser poupada do ataque violento do comunismo demoníaco", ele alertava. A presença nas igrejas disparou nos Estados Unidos no início da Guerra Fria, já que até mesmo líderes seculares viam o conflito soviético-americano como, no fundo, uma disputa espiritual. "Defendemos os princípios religiosos sobre os quais nossa nação e todo o nosso modo de vida foram erguidos", Truman pregava, em meio à Guerra da Coreia. O comunismo "nega a existência de Deus e, sempre que possível, proíbe o culto a Deus".

Apesar da merecida atenção que o macarthismo, versão extrema da caça às bruxas comunistas, tem recebido dos estudiosos, outros efeitos internos da Guerra Fria revelaram-se realmente de maior alcance. O crescimento maciço dos gastos da defesa, com seus efeitos explosivos sobre a economia nacional global, as oportunidades ocupacionais e os deslocamentos da população, merece ser reconhecido como o agente mais poderoso de mudança nos Estados Unidos nesse período. Durante as duas primeiras décadas da Guerra Fria, o governo federal investiu US$ 776 bilhões na defesa nacional, aproximadamente 60% do orçamento federal total. Essa porcentagem torna-se ainda mais elevada, caso se incluam os gastos indiretos relacionados com a defesa. As necessidades da defesa logo passaram a dominar as prioridades de pesquisa e desenvolvimento da nação, quando cientistas e engenheiros na iniciativa privada e nas universidades lutavam para satisfazer as necessidades do governo – e colher contratos lucrativos ao longo desse processo. Indústrias inteiramente novas ou recém--revigoradas, inclusive na área de comunicação, eletrônica, aviação, computação e exploração do espaço, expandiram--se junto com a Guerra Fria e, em grande medida, por causa do conflito. Algumas dessas indústrias, nas palavras perspicazes da economista Ann Markusen, "alterariam irrevogavelmente o cenário regional, ocupacional e econômico americano". Entre as maiores ramificações dos gastos de defesa provocados pela Guerra Fria, estava o florescimento de parques industriais de defesa no sul e no oeste do país em detrimento da base industrial mais antiga no nordeste e no meio-oeste. Somente a Califórnia recebeu mais de US$ 67 milhões em contratos de defesa entre 1951 e 1965, cerca de 20% do total, quando a Guerra Fria ajudou a fomentar o crescimento do chamado cinturão do sol. Ela estimulou, por motivos associados a esse desenvolvimento, uma grande migração demográfica da população americana para o oeste e para o sul, bem como uma reavaliação complementar das escalas do poder político no Congresso e no sistema partidário: os dois processos foram marcos da era pós-Segunda Guerra Mundial.

As imensas necessidades orçamentárias e as múltiplas obrigações militares que a Guerra Fria impôs ao povo americano requeriam cidadãos mobilizados e engajados. Os líderes dos Estados Unidos, de Truman em diante, trabalharam assiduamente para forjar um consenso interno que sustentasse o novo papel da nação como o guardião sempre vigilante do mundo contra qualquer sinal de instabilidade ou agressão inspiradas pelo comunismo. Eles conseguiram cumprir essa tarefa com talento e sucesso absolutos até meados da década de 60, ajudados pelo que pareciam evidências inequívocas de temeridade soviética e chinesa na Europa Oriental e em Berlim, bem como na Coreia, em Taiwan e em Cuba. Porém, quando a Guerra Fria entrou em sua terceira década, o consenso começou a rachar. A Guerra do Vietnã deixou bem claro para os americanos os custos altos – e, para um número crescente de cidadãos, inaceitáveis – da hegemonia global de sua nação. A guerra, que provocou o maior movimento pela paz na história dos Estados Unidos, desencadeou um debate interno dilacerante sobre o preço do globalismo americano. Esse debate se alastrou ferozmente pelo final da década de 60, tornando necessária uma reavaliação, nos mais altos níveis do governo americano, da estratégia global da Guerra Fria, que havia deixado o país por demais comprometido e profundamente dividido.

Capítulo 7

Ascensão e queda da détente das superpotências: 1968-1979

Durante os anos 70, um termo francês um tanto obscuro, que denotava relaxamento de tensões entre antigos rivais, entrou de repente no vocabulário empregado não só por estadistas, mas também por cidadãos comuns em todo o globo. A détente servia como uma abreviatura conveniente para a relação mais estável e cooperativa que estava sendo forjada pelos principais protagonistas da Guerra Fria, um fenômeno que veio a dominar a política internacional daquela década. Sob a liderança, na esfera soviética, do presidente do Partido Comunista Leonid Brezhnev e, na esfera americana, dos presidentes Richard M. Nixon, Gerald R. Ford e Jimmy Carter, as duas superpotências procuravam regular com mais eficácia sua contínua rivalidade. Trabalhavam para diminuir o perigo de uma guerra nuclear por meio da negociação de acordos verificáveis de controle de armas, um marco da détente. Ao mesmo tempo, as duas superpotências expandiam as ligações comerciais, as transferências de tecnologia e o compartilhamento de conhecimento científico, enquanto também labutavam para formular um núcleo de "regras" que as auxiliasse a administrar sua relação.

Sem dúvida, a détente não significava substituir a Guerra Fria por uma estrutura de paz, apesar das afirmações de retórica piedosa de ambos os lados. Ao contrário, significava administrar a Guerra Fria de um modo mais seguro e mais controlado para minimizar a possibilidade de uma guerra acidental ou de uma espiral armamentista desestabilizadora. A competição continuou especialmente no Terceiro Mundo, que permaneceu um caldeirão de instabilidade e mudança revolucionária. Além disso, cada lado nutria uma compreensão diferente do significado da détente. No final dos anos 70, esses problemas tornaram-se tão graves que provocaram o fim abrupto da era da détente.

A gênese da détente

Mudar a realidade das potências constituía um pré-requisito essencial para a détente. Sem dúvida, a mais importante dessas mudanças foi o fato de a União Soviética alcançar, no final da década de 60, uma relativa paridade com os Estados Unidos em armas nucleares estratégicas. Produto de um esforço hercúleo de seus cientistas e planejadores da defesa, a enorme acumulação de armas na União Soviética havia lhe dado, em novembro de 1959, uma vantagem numérica real sobre os Estados Unidos em ICBMs – 1.110 para 1.054. Embora os americanos ainda mantivessem uma dianteira considerável em termos de arsenal nuclear global, graças à ininterrupta superioridade em mísseis lançados de submarinos e em bombardeiros de longo alcance capazes de carregar armas nucleares, a tendência para uma relativa equivalência era a essa altura inequívoca. Duas décadas de indiscutível superioridade nuclear americana tinham chegado ao fim, um fato que teve implicações profundas para as relações futuras entre as superpotências. O relativo declínio não só do poder militar dos Estados Unidos, mas também de sua saúde e vitalidade econômica, tendências exacerbadas pelo conflito no Vietnã que drenava tantos recursos e pelo ressurgimento econômico da Europa Ocidental e do Japão, constituía outra precondição importante para a détente. Em resumo, os Estados Unidos já não tinham os meios econômicos nem a vontade política para sustentar a política de preponderância que havia caracterizado sua abordagem da Guerra Fria desde o final da década de 40. Por fim, o início das tensões crescentes entre a União Soviética e a China, pontuadas por choques nas fronteiras entre suas tropas e a séria possibilidade de uma guerra real entre os dois rivais comunistas, gerou outro incentivo para colocar a relação soviético-americana num patamar mais sadio.

Uma estratégia de segurança nacional visando a diminuir as tensões com a União Soviética agradava aos estrategistas americanos por vários motivos. Acima de tudo, parecia o meio mais razoável de reduzir os perigos de conflito nuclear com um rival então bem mais armado. Além disso, especialmente se gerasse acordos concretos de controle de armas, a détente poderia diminuir a pressão sobre o orçamento de defesa americano já sobrecarregado pela dispendiosa guerra no Vietnã. Acatando essa lógica, Johnson anunciou a intenção de sua administração entrar em negociações de controle de armas com a União Soviética em 1967. Em junho daquele ano, encontrou-se com o premier soviético Alexei Kosygin numa minicúpula em Glassboro, Nova Jersey, para discutir as questões nucleares e outros problemas bilaterais prementes. Johnson havia esboçado um plano de visitar Moscou para outras conversas com os líderes soviéticos durante a segunda metade de 1968, mas viu a viagem afundar nas repercussões da repressão militar soviética na Tchecoslováquia.

Ao tomar posse na presidência em janeiro de 1969, Richard Nixon abraçou a détente com renovado vigor. Ela constituía um elemento central da estratégia reajustada da Guerra Fria que ele estava determinado a implementar. Junto com seu principal assessor de política externa, o conselheiro de segurança nacional Henry A. Kissinger, Nixon preocupava-se com o fato de os Estados Unidos terem se expandido perigosamente além dos limites em termos globais, pois o emprego exagerado de seus recursos tornava-os arriscadamente mais ralos. Na visão de ambos, a Guerra do Vietnã era apenas o sintoma mais alarmante de um problema muito maior. "Estávamos então nos tornando semelhantes às outras nações pela necessidade de reconhecer que nosso poder, embora vasto, tinha limites", lembrou Kissinger em suas memórias. "Os nossos recursos já não eram infinitos em relação a nossos problemas; ao contrário, tivemos de estabelecer prioridades, tanto intelectuais quanto materiais." A prioridade máxima para Nixon e Kissinger continuava sendo a contenção de uma nação que dispunha de poder suficiente para colocar em risco a segurança nacional dos Estados Unidos. Embora tivesse alcançado a fama política em parte por sua reputação de cruzado anticomunista, o pragmático Nixon já não via a atração ideológica do comunismo como uma ameaça séria. Era o poder soviético, puro e simples, que então o preocupava. "O problema de nossa era", como disse Kissinger, que pensava de forma semelhante, "é administrar o surgimento da União Soviética como superpotência." A geopolítica suplantou a ideologia; era, para Nixon e Kissinger, a verdadeira moeda das relações internacionais.

A política da détente com a União Soviética fluía naturalmente da visão geopolítica compartilhada pelas duas potências, assim como da desejada aproximação com a China. A administração Nixon procurava restringir a acumulação de armas nucleares de Moscou e reduzir tanto os custos da competição quanto os riscos de guerra por meio das negociações de controle de armas. Ao assegurar simultaneamente que Moscou aceitasse *de facto* a ordem mundial existente, a administração poderia ajudar a conter o pendor soviético por uma política externa arriscada no Terceiro Mundo. Se conseguissem arquitetar, além disso, uma abertura para uma China por tanto tempo isolada, os Estados Unidos poderiam dispor os dois rivais comunistas um contra o outro, assumindo a posição de pivô estratégico na relação triangular entre as três potências. "Se você tem dois inimigos", Nixon pensava, "coloque-os um contra o outro." Era um plano ousado, formulado numa época em que os custos danosos da Guerra do Vietnã no país e no exterior exigiam um ajuste na estratégia americana da Guerra Fria. Nixon esperava que a implementação do plano também pudesse facilitar uma elegante retirada americana do Vietnã, que ainda era o problema de política externa mais imediato da nação. Um importante sucesso político também acenava de modo sedutor; tais êxitos em matéria de política externa com certeza melhorariam e muito as perspectivas de Nixon ser reeleito em 1972.

A União Soviética desejava melhorar as relações bilaterais por razões próprias. Temerosos da crescente ameaça militar encarnada pela China, os russos calculavam que um relaxamento das tensões com os Estados Unidos os tornaria capazes de se concentrar nesse outro perigo muito mais imediato à sua segurança. Além disso, os acordos de controle de armas com os Estados Unidos confirmariam o status da União Soviética como uma superpotência igual, travando a paridade nuclear obtida a tão duras penas antes que qualquer novo avanço tecnológico permitisse aos Estados Unidos recuperar sua antiga dianteira. É difícil superestimar a importância que os líderes do Kremlin atribuíam às questões de status e respeito nesse sentido. Conforme Gromyko, o ministro das Relações Exteriores, proclamou orgulhosamente para o 24º Congresso do Partido Comunista em 1971: "Hoje não há questão de alguma importância que possa ser decidida sem a União Soviética ou em oposição a ela... A importância política de um equilíbrio estratégico estável é indiscutível... é a garantia não só da segurança de ambos os lados, mas também da segurança internacional como um todo". Necessidades mais específicas também poderiam ser satisfeitas buscando-se uma relação de coexistência pacífica com os Estados Unidos, inclusive um maior acesso aos grãos e à tecnologia americanos, além da viabilização de uma solução para problemas europeus perturbadores, como Berlim. Brezhnev, Kosygin, Gromyko e seus colegas do Politburo continuavam a confiar, nessa conjuntura, que a história estava ao lado do mundo socialista; aceitavam a détente não por fraqueza, mas como sinal de seu crescente poder. Como Brezhnev disse sucinta e astutamente num discurso de 1975: "A détente tornou-se possível porque foi estabelecida uma nova correlação de forças na arena do mundo".

O florescimento da détente

A primeira série de encontros para discutir um tratado de limitação de armas estratégicas (SALT) começou naquele novembro, alternando-se entre Helsinque e Viena. Quase imediatamente, porém, as negociações atolaram-se em suspeitas mútuas e segredos técnicos. Gerou tensão o fato de Nixon tentar ligar o progresso nas conversações SALT com uma cooperação soviética para pressionar o Vietnã do Norte a aceitar uma conciliação diplomática com os Estados Unidos – ao menos até Nixon abrir mão dessa tentativa de ligação. Contudo, surgiu um problema mais exasperador a respeito das diferentes categorias de armas nucleares: se o acordo proposto deveria especificamente se limitar a mísseis de longo alcance, ou se os mísseis americanos de médio alcance posicionados na Europa, e igualmente capazes de atingir a União Soviética, deveriam ser também incluídos. As inovações tecnológicas recentes apresentavam aos negociadores outro desafio complexo. O advento dos MIRVs (veículos de reentrada múltipla independentemente direcionados), que permitiam que várias ogivas nucleares fossem montadas num único míssil, prometia intensificar significativamente as capacidades destrutivas dos arsenais nucleares de cada lado. O desenvolvimento dos mísseis antibalísticos (ABMs) suscitou a possibilidade de sistemas defensivos capazes de repelir ataques de mísseis nucleares e assim anular o poder excepcional do outro lado. Em maio de 1971, os negociadores soviéticos e americanos realizaram por fim um grande avanço. Em síntese, os americanos concordaram em conceder aos soviéticos uma vantagem de 3 para 2 em ICBMs, os soviéticos optaram por ignorar os mísseis nucleares que podiam ser lançados da Europa Ocidental e os dois lados decidiram não proibir os MIRVs. Esse compromisso pavimentou o caminho para a cerimônia de gala da assinatura do tratado no encontro de cúpula em Moscou no ano seguinte.

A chegada de Nixon à União Soviética em maio de 1972, a primeira visita de um presidente americano desde que Roosevelt comparecera à cúpula de Yalta 27 anos antes, veio logo depois de sua viagem muito divulgada à China em fevereiro daquele ano. As duas viagens estavam entrelaçadas na grandiosa estratégia de Nixon então em andamento. Na verdade, antes da viagem do presidente americano à China, os soviéticos estavam sempre adiando sua aprovação do acordo SALT; após a dramática incursão de Nixon na China, agiram com rapidez. Sem dúvida, os soviéticos não queriam que os americanos e os chineses entrassem numa parceria estratégica apontada contra eles; e, apesar das declarações americanas em contrário, era exatamente o que Nixon e Kissinger estavam procurando fazer. Foi o crescente medo chinês de seus rivais russos que tornou uma aproximação com os outrora odiados americanos palatável a Mao e seus principais estrategistas. Eles também permitiram que as considerações geopolíticas tivessem primazia sobre as convicções ideológicas. "Os líderes da China foram além da ideologia nas suas transações conosco", observou Kissinger. "Seu perigo havia estabelecido a primazia absoluta da geopolítica." Embora pouca coisa de concreto tivesse resultado das conversações de Nixon com Mao, com o premier Zhou Enlai e com outras autoridades chinesas, o simbolismo da viagem mostrou-se extremamente poderoso. Parecia anunciar uma Guerra Fria muito menos perigosa, muito menos impulsionada pela ideologia – e uma diplomacia muito mais flexível e hábil nos Estados Unidos.

O destaque e o principal resultado dos encontros de Moscou foi SALT I, assinado em 26 de maio de 1972. Compreendia na realidade dois acordos separados. O primeiro, um tratado formal, estipulava que os Estados Unidos e a União Soviética podiam posicionar ABMs em apenas dois sítios. A segunda parte consistia em um acordo provisório sobre as armas nucleares ofensivas. Congelava o número existente de ICBMs e SLBMs de cada um dos signatários, concedendo aos soviéticos uma dianteira de 3 para 2 no primeiro e uma ligeira vantagem no segundo. Entretanto, como os MIRVs não foram proibidos, nem os bombardeiros de longo alcance restringidos, os Estados Unidos mantinham uma superioridade acentuada no total de ogivas nucleares prontas para lançamento, cerca de 5.700 para 2.500. Nixon e Brezhnev também rubricaram um "Acordo Básico" amplo segundo o qual os dois lados concordavam em "fazer o máximo para evitar confrontos militares e prevenir a deflagração da guerra nuclear", prometiam "moderação" nas suas relações mútuas e juravam renunciar a "qualquer esforço para obter uma vantagem unilateral em detrimento do outro, direta ou indiretamente". Embora excessivamente vago e em última análise inexequível, as linhas gerais do acordo serviam como um conjunto útil – e esperançoso – de pontos de referência comportamentais para cada nação.

O valor dos acordos SALT provinha mais da importância política da negociação e do compromisso das superpotências que das condições específicas contidas nos acordos individuais. Embora o SALT I tenha "de fato aprimorado o entendimento mútuo sobre pelo menos algumas questões e por pelo menos algum tempo", enfatizou o ex-diplomata e especialista em assuntos soviéticos Raymond A. Garthoff, não conseguiu "dispersar todas as suspeitas ou prevenir grandes mal-entendidos estratégicos posteriores". SALT I não deteve a corrida armamentista. De fato, o acordo provisório, que

10. Encontro de Brezhnev e Nixon durante a visita do líder soviético aos Estados Unidos em junho de 1973.

tinha uma duração de cinco anos, estabeleceu apenas alguns limites para os arsenais nucleares de cada lado, e os dois continuaram a crescer. Um aumento acentuado no comércio soviético-americano, que passou de US$ 220 milhões em 1971 para US$ 2,8 bilhões em 1978, foi um dos subprodutos mais concretos da détente, junto com projetos de cooperação científica e a expansão de intercâmbios culturais.

Para aqueles que desejavam uma genuína *redução* de armas nucleares, a esperança repousava nas negociações futuras. No final de 1972, os especialistas soviéticos e americanos em armas nucleares abriram a série seguinte de conversações, chamada SALT II. Porém, um desarranjo no governo americano, quando os escândalos de Watergate primeiro enfraqueceram Nixon e depois forçaram a sua renúncia em agosto de 1974, militou contra qualquer progresso apreciável. Em novembro de 1974, Gerald R. Ford, o sucessor de Nixon, encontrou-se com Brezhnev em Vladivostok para endossar uma série de princípios gerais que servissem de orientação para os negociadores de SALT II. Mas nenhum avanço parecia iminente, e as contínuas negociações logo foram eclipsadas pelo crescente ceticismo no Congresso sobre o valor do processo SALT, pela preocupação em ascensão com as ações soviéticas no Terceiro Mundo e pela iminente eleição presidencial americana de 1976.

Embora robusta do ponto de vista tático e criativa, a busca das administrações Nixon e Ford pela distensão da relação entre as superpotências constituiu uma estratégia fundamentalmente conservadora na tentativa de preservar a *Pax Americana* em um mundo que mudava rapidamente. Nixon era assombrado pelo fantasma do declínio americano. Ele se preocupava com a possibilidade que sua nação tivesse "perdido a posição de liderança que tínhamos ao término da Segunda Guerra Mundial" e que pudesse "ir pelo ralo como superpotência". Com a União Soviética emergindo como um igual do ponto de vista militar, e com a proeminência econômica americana fraquejando, os planejadores da política americana apostaram, na avaliação do historiador Daniel J. Sargent, que "por meio da manipulação geopolítica" Washington "ainda pudesse dominar o sistema internacional da Guerra Fria".

Mas as forças da globalização política e o aprofundamento da integração comercial progressivamente minaram a supremacia econômica que permitira aos Estados Unidos liderar a ordem monetária global nos últimos vinte e cinco anos. Em 1971, os Estados Unidos teve seu primeiro déficit comercial desde 1893. Essa tendência alarmante, combinada com uma piora da balança de pagamentos e o dólar hipervalorizado, fez com que Nixon, naquele ano, abandonasse o padrão dólar-ouro, a pedra de toque do sistema financeiro de Bretton Woods. Em 1973, uma nova ordem monetária de valores em moedas flutuantes havia substituído o acordo de Bretton Woods, confirmando o enfraquecimento da influência financeira americana.

Um processo de détente europeia se desenrolou em paralelo com o movimento para a détente das superpotências – e revelou-se mais durável. Willy Brandt, eleito chanceler da Alemanha Ocidental em outubro de 1969, assumiu o papel principal. Ex-prefeito de Berlim Ocidental, o carismático Brandt buscava uma diminuição gradativa das barreiras para o comércio e as viagens entre a Alemanha Oriental e a Ocidental, assim como uma posição menos exposta e vulnerável para a Alemanha na Guerra Fria. Para alcançar essas metas, ele estava disposto a reconhecer a existência *de facto* do Estado da Alemanha Oriental, uma divergência significativa da posição padrão dos líderes políticos da República Federal. A primeira fase da *Ostpolitik* de Brandt concentrou-se em assegurar os acordos com a União Soviética e alguns de seus aliados da Europa Oriental. Em agosto de 1970, a Alemanha Ocidental assinou um tratado com a União Soviética em que cada país renunciava ao emprego da força e prometia respeitar as fronteiras existentes da Europa como invioláveis. Mais tarde, naquele ano, a Alemanha Ocidental assinou um acordo semelhante com a Polônia. Seguiu-se um pacto a respeito de Berlim. Em setembro de 1971, a União Soviética, os Estados Unidos, a Grã-Bretanha e a França fecharam um acordo quadripartido que finalmente

11. O chanceler da Alemanha Ocidental Willy Brandt.

proporcionou uma sanção legal para os direitos das potências ocidentais dentro de Berlim Ocidental concernentes ao acesso à cidade. A realização máxima da *Ostpolitik* de Brandt foi o tratado entre a Alemanha Oriental e a Alemanha Ocidental de dezembro de 1972. Cada uma das entidades alemãs reconhecia a legitimidade da outra, renunciava ao emprego da força e prometia aumentar o comércio e as viagens entre o Leste e o Oeste.

A détente europeia ganhou aclamação popular nos dois lados da linha divisória da Guerra Fria na Europa, gerando um significativo aumento no comércio entre Europa Ocidental e Oriental, maior liberdade individual de movimento através da suposta Cortina de Ferro e um considerável apaziguamento das tensões na Europa Central. O abrandamento dos medos e barreiras da Guerra Fria também facilitou os passos para um acordo de paz europeu de âmbito geral. Em novembro de 1972, deu-se início a uma preliminar Conferência sobre Segurança e Cooperação na Europa (CSCE) em Helsinque com o objetivo de preparar o fundamento para esse acordo. Essas discussões produziram por fim uma reunião de 35 nações na capital finlandesa em julho-agosto de 1975, à qual também compareceram os Estados Unidos e a União Soviética. Os participantes do encontro aceitaram a codificação simbólica das mudanças territoriais impostas à Europa depois da Segunda Guerra Mundial, uma meta há muito perseguida por Moscou.

No entanto havia críticos ruidosos nos Estados Unidos. O ex-governador da Califórnia Ronald Reagan, um pretendente à cadeira presidencial, disse na época: "Acho que todos os americanos deveriam ser contra esses acordos". O que incomodava Reagan e outros críticos conservadores da Ata Final de Helsinque – e do processo mais amplo de détente que lhe deu origem – era a tendência crescente dos Estados Unidos e de outras nações ocidentais a tratar a União Soviética mais como uma grande potência cujos interesses precisavam ser conciliados do que como um Estado inimigo cuja busca ferrenha pelo domínio global continuava a ser um perigo claro e presente. Depois de reconhecer a crescente forma doméstica dos opositores da détente, Ford tentou tranquilizar Brezhnev quanto às perspectivas do SALT II durante uma reunião privada em Helsinque. "Posso lhe dizer muito claramente", disse o presidente, "que estou comprometido com a détente e que o povo americano concorda comigo." Mas acontecimentos no Terceiro Mundo davam razão a essas críticas.

A "Ata Final" de Helsinque

Os acordos alcançados em Helsinque compreendiam três elementos distintos ou "cestos". O primeiro declarava a inviolabilidade das fronteiras europeias existentes e enunciava os princípios essenciais que regeriam as relações entre os Estados. O segundo cobria a cooperação econômica, tecnológica, científica e ambiental. O terceiro, ao qual a União Soviética havia inicialmente se oposto, dizia respeito aos direitos humanos básicos para as nações: exigia, entre outras questões, maior liberdade de expressão e informação e uma movimentação mais livre das pessoas. Os líderes soviéticos concordaram com o Cesto III como um preço a pagar aceitável, ainda que repulsivo, desde que ganhassem simultaneamente o reconhecimento formal das fronteiras e o aumento do fluxo comercial que tanto desejavam.

A détente sob sítio

A détente nunca conseguiu estar à altura das altas esperanças engendradas pela cúpula de Moscou. As promessas solenes do "Acordo Básico" quanto à conduta das superpotências fracassaram em prevenir o repetido choque de interesses dos Estados Unidos e da União Soviética – no Oriente Médio, no Sudeste Asiático, na África e em outros lugares. Além disso, o contínuo conflito soviético-americano no Terceiro Mundo corroía o apoio para a détente nos Estados Unidos. Os críticos conservadores, muitos dos quais nunca tinham amenizado sua antipatia pelo comunismo e sua desconfiança fundamental do Estado soviético, alegavam que a détente simplesmente fornecia um manto de legitimidade para os desígnios expansionistas inalterados de Moscou. Alguns poucos, provocativamente, até mesmo igualavam a détente a uma contemporização. Os avanços tecnológicos aumentavam ainda mais o desafio enfrentado pelos que propunham a détente, porque cada avanço tornava muito mais evasiva a realização de acordos de controle de armas equilibrados, verificáveis e mutuamente aceitáveis. Com uma medida às fileiras cada vez mais grossas dos opositores da détente, o presidente Ford, em 1976, baniu a própria palavra do vocabulário da administração.

A Guerra do Oriente Médio de outubro de 1973 foi um dos primeiros grandes acontecimentos a deixar bem claras as limitações da détente. Anwar al-Sadat, que se tornou presidente do Egito depois da morte de Nasser em 1970, preocupava-se com o fato de que o degelo nas relações das superpotências poderia bloquear o progresso em sua principal meta política de recuperar a terra perdida para Israel na desastrosa guerra de 1967. Em 1972, ele expulsou os conselheiros soviéticos do solo egípcio, em parte para registrar sua desaprovação em relação à orientação política cambiante de seu principal patrono. Mais tarde, em 16 de outubro, o Egito e a Síria lançaram um ataque surpresa coordenado contra Israel numa campanha ousada para tomar a iniciativa militar e diplomática. Após sofrer reveses no campo de batalha, Israel logo recuperou e conquistou a superioridade militar. A contraofensiva israelense foi sustentada pela decisão da administração Nixon de repor o equipamento estragado ou destruído na primeira batalha. Esse esforço de reabastecimento intensificou-se depois que a União Soviética, por sua vez, começou a reabastecer os egípcios e os sírios. Embora fossem o espelho da assistência de Washington a seu aliado de longa data, as ações soviéticas pareciam a Nixon uma perigosa ameaça – não somente para Israel, mas também para a détente. "A nossa política com respeito à détente é clara", alertou Kissinger em público. "Resistiremos às políticas externas agressivas. A détente não tem como sobreviver à irresponsabilidade em nenhuma área, inclusive no Oriente Médio."

As dimensões internacionais da crise precipitada pela terceira guerra árabe-israelense foram ainda mais ampliadas por um boicote do petróleo árabe aos Estados Unidos como punição por suas políticas pró-Israel, medida que atingiu diretamente os interesses econômicos americanos e os de seus principais aliados. O boicote também levou para o âmbito doméstico a crescente vulnerabilidade do Ocidente, dependente de energia, às nações produtoras de petróleo no sul global.

A crise do Oriente Médio assumiu matizes Leste-
-Oeste mais diretos, quando Brezhnev exigiu a formação
imediata de uma força conjunta de manutenção da paz composta por tropas dos Estados Unidos e da União Soviética, ameaçando tomar uma ação soviética unilateral, se necessário. O líder russo, frustrado com o fato de Israel não ter honrado o cessar-fogo acordado, e preocupado com a possibilidade de o exército egípcio cercado ser esmagado pelas forças israelenses no deserto do Sinai, apelou diretamente a Nixon. Na agonia do escândalo Watergate que piorava rapidamente à época, Nixon julgou o lance de Brezhnev um grande desafio aos interesses dos Estados Unidos numa região vital e rica em petróleo, um desafio que exigia uma resposta vigorosa. Então, ele disse ao secretário-geral soviético que os Estados Unidos consideravam a perspectiva de uma ação soviética unilateral "uma questão extremamente preocupante, implicando consequências incalculáveis". Para sublinhar sua seriedade, Nixon colocou em estado de alerta mundial as forças nucleares e convencionais dos Estados Unidos, o primeiro desses estados de alerta desde o auge da Crise dos Mísseis Cubanos. A pressão diplomática sobre Israel para aceitar um cessar-fogo logo desfez a crise. Em 27 de outubro, a guerra estava terminada, e a busca de um acordo de paz liderada pelos Estados Unidos já ingressava num alto nível operacional. Porém, os contratempos soviético-
-americanos tinham deixado definitivamente a sua marca. Se os soviéticos e os americanos podiam chegar quase às vias de fato a respeito de uma disputa regional, de que valia o Acordo Básico? E, apesar de toda a retórica dos arquitetos da détente, até que ponto o mundo havia realmente se aproximado da paz e da estabilidade por eles prometidas?

Os estágios finais da Guerra do Vietnã trouxeram questões semelhantes para o primeiro plano. Sem dúvida, a détente não oferecia nenhuma trégua para as operações difíceis dos Estados Unidos na Indochina. Nixon havia esperado, inicialmente, que a aproximação com Moscou e Beijing pudesse dar aos Estados Unidos a capacidade de negociar sua saída do Vietnã com a honra e a credibilidade intactas. Não foi o que aconteceu. Os negociadores norte-vietnamitas não se mostraram dispostos a cercear suas metas políticas há tanto tempo buscadas somente para satisfazer as necessidades de uma superpotência em clara retirada. As escaladas táticas periódicas da administração Nixon durante a guerra fracassaram igualmente em quebrar o impasse nas negociações. Washington e Hanói lograram por fim um acordo de paz em janeiro de 1973; contudo, apesar de contemplar a retirada final das tropas americanas, o acordo não acabou com a luta. No início de 1975, o Vietnã do Norte lançou uma ofensiva contra o Vietnã do Sul, causando o colapso espantosamente rápido de um regime que mais de 58.000 americanos haviam tentado proteger do comunismo com o sacrifício de suas vidas. A impotência da administração Ford nos últimos dias do governo de Saigon, uma impotência que lhe foi imposta por um Congresso e um público relutantes em aprovar qualquer compromisso adicional no Vietnã, manchou o prestígio dos Estados Unidos como potência global. De maneiras sutis, a *débâcle* do Vietnã, com suas imagens dolorosas de uma invasão norte-vietnamita encabeçada por tanques de fabricação soviética, deixou ainda mais visíveis as limitações da détente das superpotências.

Ações em desenvolvimento em Angola, um dos pontos críticos internacionais mais controversos e complexos de meados da década de 70, provocaram mais estragos à détente. A guerra civil entre três facções rivais irrompeu na antiga colônia portuguesa depois que Lisboa concedeu a independência em novembro de 1975. O envolvimento de tropas cubanas no esquerdista Movimento pela Libertação Popular de Angola (MPLA), que combatia facções mais moderadas e pró-ocidentais apoiadas secretamente pelos Estados Unidos (e pela China), gerou uma espécie de guerra por procuração no território da África Ocidental. Kissinger, um consumado geopolítico, insistia que o conflito angolano deveria ser visto em termos de Leste-Oeste: como um teste de vontade e determinação entre Moscou e Washington, com importantes implicações globais. Era um teste, ele argumentava, do qual a União Soviética poderia tirar conclusões infelizes sobre o declínio da força de um rival que parecia substancialmente enfraquecido pelo impacto acumulado da renúncia forçada de Nixon, da derrota no Vietnã e dos ataques então correntes no Congresso aos poderes imperiais dos presidentes. Entretanto, o apelo da administração Ford ao Congresso em prol de uma ajuda secreta intensificada às facções angolanas de sua preferência fracassou. Os legisladores encolheram-se diante da ideia de outra intervenção no Terceiro Mundo tão imediatamente após a luta no Vietnã. A détente não "sobreviveria a mais Angolas", alertou Kissinger. Os críticos conservadores do degelo soviético-americano, por sua vez, encontraram mais evidências no caso angolano para comprovar sua visão de que a détente oferecia benefícios unilaterais a uma União Soviética ainda expansionista.

Essa ofensiva se fortaleceu sobretudo em meados e nos anos finais da década de 1970, promovida por uma série de influentes intelectuais, jornalistas, políticos e ex-oficiais do governo. A prova A para os que se opunham à détente era o que parecia ser um padrão continuado de temeridade soviética no Terceiro Mundo. A prova B era o que eles afirmavam ser um processo profundamente defeituoso de negociações sobre o controle de armas. Junto com o senador democrata Henry Jackson, Paul Nitze, um ardente anticomunista e ex-chefe da Equipe de Planejamento de Políticas do Departamento de Estado na administração Truman, surgiu como porta-voz decisivo para os que se opunham à détente. Depois de pedir demissão da equipe de negociação de SALT II, Nitze redigiu uma admoestação mordaz no número de janeiro de 1976 da influente revista *Foreign Affairs*. "Existe uma perspectiva concreta de que, sob os termos dos acordos SALT, a União Soviética continuará a buscar uma superioridade nuclear que não seja meramente quantitativa, mas destinada a produzir uma capacidade hipotética de vencer a guerra", alertava. "Se e apenas se os Estados Unidos agirem agora para resolver o iminente desequilíbrio estratégico, pode-se persuadir a União Soviética a abandonar sua busca de superioridade e a retomar o caminho das limitações e reduções significativas por meio da negociação."

A lógica em que se fundamentava essa crítica era um tanto duvidosa. Muitos especialistas nucleares descartavam a noção de que a União Soviética estivesse buscando a superioridade. Eles também contestavam a proposição relacionada de que os ICBMs mais pesados poderiam no futuro dar aos soviéticos a capacidade de carregar mais ogivas nucleares em seus mísseis, com maior "peso de lançamento", permitindo com isso sua "vitória" num confronto nuclear com os Estados Unidos. Kissinger reagiu precisamente a esse panorama de fim de mundo esboçado por Nitze em seu depoimento perante o Congresso com uma exasperação angustiada. "Em nome de Deus, o que *é* superioridade estratégica?", implorou. "Qual é o significado disso, politicamente, militarmente, operacionalmente, nesses níveis de números? O que se faz com isso?" Suspeita-se que, por trás do alarmismo expresso por Nitze, Jackson, Reagan e outros críticos da détente, havia algo mais que a complexidade bizantina de contar as ogivas nucleares globais e medir o total dos pesos de lançamento. Em um nível mais fundamental, esses críticos simplesmente não podiam aceitar os próprios conceitos de paridade e suficiência em que se baseava a détente. Para os intransigentes combatentes da Guerra Fria, apenas a superioridade estratégica – em toda fase do armamento nuclear e convencional – constituía uma meta apropriada para os Estados Unidos, ao lidar com um adversário tão implacável e tão inerentemente indigno de confiança quanto a União Soviética.

A eleição de Jimmy Carter imprimiu um novo impulso ao processo tão atacado da détente, mas esse ímpeto logo se dissipou. O ex-governador de Georgia concorreu à presidência como o candidato que restituiria o idealismo à política externa americana; ele fez dos direitos humanos uma plataforma-chave de sua campanha e uma meta central de sua presidência. Mas Carter fracassou, desde o início, em suas transações com a União Soviética, perseguindo metas contraditórias e enviando aos soviéticos sinais conflitantes. Com apenas um mês no cargo de presidente, Carter escreveu uma carta cordial a Andrei Sakharov, renomado físico e principal dissidente da União Soviética, o que provocou grande perplexidade na hierarquia do Kremlin. Pouco depois, enviou seu secretário de Estado, Cyrus R. Vance, a Moscou com uma proposta mal formulada de fazer cortes mais profundos nas armas nucleares ofensivas do que os elaborados anteriormente no encontro de novembro de 1974 em Vladivostok. O novo presidente americano também sinalizou a sua intenção de conter o crescente envolvimento soviético na África, tal como os políticos de direita nos Estados Unidos pediam com insistência. Contudo, em seu primeiro grande discurso sobre política externa em maio de 1977, declarou que chegara o momento de ir além da crença de que "a expansão soviética era quase inevitável, mas devia ser contida", além "daquele medo desproporcionado que nos levou a abraçar qualquer ditador que partilhasse conosco esse temor".

Da perspectiva do Kremlin, a abordagem das relações soviético-americanas empreendida pela nova administração parecia confusa e ameaçadora. Brezhnev censurou a correspondência de Carter com o "renegado" Sakharov, proclamando que não "permitiria interferência em nossos assuntos internos, fosse qual fosse o pretexto pseudo-humano usado para esse fim". Os estrategistas soviéticos também viam com desconfiança a proposta de Carter para cortes mais radicais na fórmula já acertada sobre o controle de armas SALT II. Brezhnev considerou-a "uma afronta pessoal"; o embaixador Dobrynin, uma "rude violação de nosso entendimento anterior". Como este último recordou mais tarde: "Pensávamos que a proposta não era séria, mas uma tentativa de nos apoquentar, de nos desconcertar". Sempre vigilantes quanto a qualquer desconsideração em relação ao status de sua nação como superpotência de igual estatura, os líderes russos se preocupavam com a possibilidade de os americanos estarem tentando denegrir e deslegitimar o estado soviético internacionalmente, solapando-o no âmbito interno. Satisfeitos com a estrutura original da détente, eles suspeitavam que os americanos procuravam subverter essa estrutura para ganhar uma vantagem estratégica.

Curiosamente, os envelhecidos governantes do Kremlin pareciam incapazes de compreender o quanto algumas de suas ações pareceram provocadoras a partir da perspectiva de Washington, ou de reconhecer como essas ações estavam fazendo o jogo dos críticos da détente e com isso acelerando sua morte. O ativismo soviético na África, na Ásia e no Oriente Médio *tinha* certamente uma magnitude muito mais ampla na década de 70 do que no passado, um fato que os americanos não podiam simplesmente ignorar. Animado com seu sucesso em Angola, que provocou o estabelecimento de um governo MPLA em fevereiro de 1976, Moscou começou a enviar armas ao novo regime esquerdista da Etiópia no ano seguinte. No início de 1978, tropas cubanas, equipadas e transportadas pelos soviéticos, desbarataram as forças somalis apoiadas pelos Estados Unidos na luta pela estratégica península Ogaden. Os soviéticos não só consideravam um "dever internacional" "ajudar os novos regimes revolucionários que juravam lealdade ao socialismo e ao modelo soviético", segundo o historiador Odd Arne Westad, mas também percebiam "a oportunidade de acelerar as contradições internas e precipitar o colapso final do mundo capitalista". Entretanto, conciliar tais ambições e ações com seu desejo paralelo de relações produtivas e mutuamente benéficas com Washington revelou-se impossível.

Americanos já céticos quanto às intenções de Moscou, como o conselheiro da Segurança Nacional de Carter, Zbigniew Brezinski, estavam convictos de que testemunhavam uma ofensiva geopolítica organizada contra o Ocidente. Quando o Politburo de Brezhnev decidiu posicionar a partir de 1977 novos mísseis nucleares de alcance intermediário, os tecnologicamente sofisticados SS-20s, essa atitude desconcertou ainda mais os observadores americanos, bem como os europeus ocidentais para cujas cidades os mísseis estavam apontados. Para recuperar a iniciativa estratégica, os Estados Unidos e seus parceiros na OTAN começaram a considerar um contraposicionamento de uma nova geração de mísseis americanos de alcance intermediário na Europa. Brezinski também convenceu Carter de que era hora de usar o "trunfo China". O presidente concordou, principiando uma abertura formal de laços diplomáticos com a China em 1º de janeiro de 1979, em grande parte para consolidar uma parceria estratégica ainda em botão e assim escorar o muro de contenção.

Em face desses problemas crescentes, em 18 de junho de 1979, Carter e Brezhnev encontraram-se em Viena para assinar o muito adiado acordo SALT II. O encontro foi um evento comedido, não possuindo nada da retórica elevada da cúpula de Moscou sete anos antes. "Foi um mero instante de bons sentimentos", observa o historiador Gaddis Smith, "evanescente como uma bolha de sabão, a pausa mais leve numa relação decadente." Tensões a respeito dos conflitos do Terceiro Mundo, os posicionamentos dos SS-20, a campanha de direitos humanos dos Estados Unidos e o aprofundamento dos laços sino-americanos haviam causado danos. Ao retornar a seu país, Carter encontrou as forças contra a détente em ascensão. O senador Jackson, desde o primeiro momento da luta da ratificação, registrou sua oposição inequívoca a SALT II. "Assinar um tratado como este que favorece os soviéticos, alegando que estaremos numa situação pior sem ele, é contemporização na sua forma mais pura", trovejou Jackson.

Na Nicarágua, o autoritário Anastásio Somoza Debayle, um aliado antigo dos Estados Unidos, foi derrubado pelos sandinistas, movimento de libertação marxista-leninista intimamente ligado a Cuba, o que perturbou ainda mais aqueles que temiam um aumento repentino das forças revolucionárias antiocidentais – e igual perturbação produziram os acontecimentos no Irã.

A Revolução Iraniana e a Crise dos Reféns

Em fevereiro de 1979, um movimento revolucionário islâmico, sob a liderança de um líder religioso xiita, o aiatolá Ruhollah Khomeini, conquistou o poder no Irã. Os novos governantes do Irã viam os Estados Unidos com profunda desconfiança e suspeição, em grande parte porque o país fora o principal defensor do xá, o monarca veterano que eles haviam desprezado e deposto. Em 4 de novembro de 1979, pouco depois de o xá ser admitido nos Estados Unidos para um tratamento médico, alguns militantes tomaram a embaixada dos Estados Unidos em Teerã, com o apoio tácito de Khomeini, e mantiveram 52 americanos como reféns. O drama resultante frustrou e humilhou Carter e o povo americano, contribuindo para a imagem dos Estados Unidos como uma nação em declínio – uma espécie de gigante impotente.

Mais tarde, no final de dezembro de 1979, a União Soviética invadiu e ocupou o Afeganistão, fazendo soar o dobre fúnebre dos sinos para a détente. Carter telefonou para Brezhnev pela linha vermelha e disse que o governo dos Estados Unidos considerava a invasão soviética "uma clara ameaça à paz" que "poderia marcar uma reviravolta fundamental e duradoura em nossas relações". O presidente disse a um entrevistador que "a ação dos soviéticos havia provocado uma mudança mais drástica na minha opinião sobre as metas máximas dos soviéticos do que qualquer outra de suas ações anteriores durante meu mandato". O presidente reagiu à ação soviética com energia. Retirou SALT II do processo de avaliação do Congresso, impôs sanções econômicas à União Soviética, tomou uma série de medidas para revigorar a contenção e exigiu um aumento substancial nos gastos de defesa dos Estados Unidos. A Guerra Fria estava de volta – e vingativa.

O que matou a détente? "Tudo considerado", observou o embaixador soviético Dobrynin em suas memórias, "poder-se-ia dizer que a détente foi de certa maneira enterrada nos campos da rivalidade soviético-americana no Terceiro Mundo." É difícil contestar essa avaliação. Desde o início da détente, soviéticos e americanos tinham compreensões diferentes de seu sentido. Para os americanos, significava uma União Soviética atada à ordem mundial existente, uma União Soviética que atuaria como uma força estabilizadora global. Para os russos, a détente saudava o surgimento e o reconhecimento da União Soviética como uma potência de igual valor em um mundo bipolar, mas não excluía o seu apoio constante às insurgências e aos regimes revolucionários em todo o Terceiro Mundo. Em meados da década de 60, o chefe da inteligência e futuro governante soviético Yuri Andropov previu essas tensões quando expressou a opinião de que nada devia impedir os soviéticos de explorar as oportunidades que lhes eram proporcionadas por qualquer movimento anticapitalista e antiocidental. Predisse que "a futura competição com os Estados Unidos não ocorrerá na Europa, nem no Oceano Atlântico. Acontecerá na África e na América Latina". E insistia Andropov: "Vamos lutar por todo e qualquer território, por todo e qualquer país". Essa concepção da détente mostrava-se incompatível com a concepção popularizada por Nixon e Kissinger de uma nova era de cooperação entre as superpotências. Quando acrescentadas ao renascimento de forças políticas conservadoras e virulentamente anticomunistas nos Estados Unidos na metade e no final da década de 70, essas incompatibilidades fundamentais asseguraram que a era da détente teria vida curta.

Capítulo 8
A ETAPA FINAL: 1980-1990

Os últimos anos da década de 80 testemunharam as mudanças mais relevantes na estrutura global da política mundial desde a década de 40, culminando no fim repentino e totalmente inesperado da luta ideológica e geopolítica que havia definido as relações internacionais durante 45 anos. Esses desenvolvimentos extraordinários ocorreram de uma forma e com uma velocidade que quase ninguém esperava, nem mesmo imaginava possível. Por que a Guerra Fria terminou dessa maneira? Como se compreende uma década que se abre com uma rápida intensificação da Guerra Fria e termina com uma aproximação soviético-americana histórica, acordos de controle de armas sem precedentes, retirada da potência soviética da Europa Oriental, do Afeganistão e de outras regiões e a reunificação pacífica da Alemanha? Este capítulo aborda tais questões examinando as loucas oscilações da etapa final da Guerra Fria.

A volta da Guerra Fria

A invasão soviética do Afeganistão completou a improvável conversão de Jimmy Carter à linha dura da Guerra Fria. Embora os russos considerassem aquela intervenção militar uma ação defensiva projetada para impedir o surgimento de um regime hostil em sua fronteira, o presidente e a maioria dos especialistas em política externa a compreendiam, ao contrário, como parte de uma audaciosa ofensiva geopolítica. Estavam convencidos de que um Estado soviético confiante e ávido de expansão lutava para tirar a iniciativa estratégica das mãos de um Estado americano enfraquecido pelo Vietnã, por Watergate, pela crise dos reféns iranianos e por vários choques econômicos, tendo por meta máxima dominar a região do Golfo Pérsico e negar seu petróleo ao Ocidente. Em resposta, Carter autorizou um grande aumento nos gastos de defesa dos Estados Unidos: solicitou US$ 1,2 trilhão em gastos relacionados ao setor militar ao longo dos cinco anos seguintes. Instituiu também um embargo de grãos contra a União Soviética, ordenou um boicote simbólico da Olimpíada de verão de 1980 marcada para ser realizada em Moscou, restabeleceu o registro de alistamento militar e proclamou uma nova "doutrina Carter", em que prometia repelir, "por meio de todos os recursos necessários, inclusive a força militar", qualquer tentativa de uma potência estrangeira ganhar o controle sobre o Golfo Pérsico. A administração Carter pressionou ainda mais os soviéticos ao fortalecer a recente parceria estratégica dos Estados Unidos com a China por meio da venda de hardware e tecnologia militares avançados. Com vigoroso apoio americano, a OTAN também passou a implementar a decisão, tomada em dezembro de 1979, de posicionar novos mísseis nucleares Pershing II e Cruise de alcance intermediário na Europa Ocidental em contraposição aos SS-20s soviéticos.

A mentalidade da Guerra Fria havia retornado aos círculos políticos de Washington de forma vingativa, enterrando quaisquer memórias remanescentes da détente. "Desde a Segunda Guerra Mundial, nunca houve uma militarização do pensamento e do discurso de tão grande alcance na capital", observou um alarmado George F. Kennan em fevereiro de 1980. "Um estranho ingênuo, mergulhado nesse meio, só poderia concluir que a última esperança de soluções não militares e pacíficas tinha se dissipado – que daquele ponto em diante contavam apenas as armas, não importa como fossem usadas."

Ronald Reagan, que aniquilou o vulnerável Carter na eleição presidencial de novembro de 1980, mantinha-se inabalável ao lado daqueles que acreditavam que só a força militar importava no conflito das superpotências então em curso. Durante a campanha, o ex-ator cinematográfico e ex-governador da Califórnia insistia que os Estados Unidos deviam reconstruir suas defesas para fechar a "janela de vulnerabilidade" aberta pelo crescimento militar soviético da década de 70. Sendo o mais conservador e o mais ideológico dos presidentes americanos pós-Segunda Guerra Mundial, Reagan continuava um anticomunista intransigente com ódio visceral a um regime que ele considerava tão imoral quanto traiçoeiro e indigno de confiança. "Não vamos nos enganar", declarou Reagan durante uma das paradas da campanha. "A União Soviética está por trás de toda agitação que acontece no globo. Se não estivessem envolvidos nesse jogo de dominó, não haveria regiões de conflito no mundo." Ele rejeitou imediatamente o *éthos* tratar-a-União-Soviética-como-potência-comum dos anos Nixon, Ford e dos primeiros anos Carter. Em sua primeira entrevista coletiva como presidente, Reagan estabeleceu o tom para seu primeiro mandato, acusando Moscou de usar a détente como "uma rua de mão única... para buscar seus objetivos", inclusive "a promoção da revolução mundial e de um Estado único socialista ou comunista". Os líderes soviéticos, acusou o novo chefe do Executivo americano, "guardam para si o direito de cometer qualquer crime, mentir, trapacear, para atingir essas metas".

Essa retórica inflamada tornou-se um marco da renovada Guerra Fria travada pela administração Reagan. Junto com uma imensa expansão militar e um esforço concentrado para reduzir o poder soviético por meio de maior apoio e estímulo às rebeliões anticomunistas pelo globo, ela constituía um elemento central da revigorada estratégia americana de contenção. Empregando uma linguagem que voltava aos anos Truman, Reagan descompunha regularmente o Estado soviético e a ideologia que o sustentava. Em 1982, proclamou confiantemente num discurso ao Parlamento Britânico que o marxismo-leninismo estava condenado à "lata de lixo da história". No ano seguinte, diante da Associação Nacional dos Evangélicos, em Orlando, Flórida, Reagan descreveu a União Soviética como "o foco do mal no mundo moderno". Implorou que o público resistisse aos "impulsos agressivos de um Império maligno", enfatizando que a luta contra o comunismo era basicamente uma luta moral "entre o certo e o errado, entre o bem e o mal". A reformulação maniqueísta da Guerra Fria como uma batalha justa entre as forças da luz e as forças das trevas sugeria que não se podia agir com clemência, não se podia correr o risco dos compromissos da era da détente.

Reagan estava determinado a expandir as capacidades militares convencionais e nucleares da nação antes de se envolver em negociações sérias com os soviéticos. "Paz por meio da força" tornou-se um lema favorito do presidente e de seus planejadores da defesa; esse slogan frequentemente repetido também servia para racionalizar a maneira, a princípio desconexa, de a administração abordar as negociações do controle de armas. Apesar de ampla evidência em contrário, o presidente republicano e seus principais conselheiros de política externa estavam convencidos de que, durante a década anterior, o poder americano havia declinado em relação ao da União Soviética. Alexander M. Haig Jr., o primeiro-secretário de Estado de Reagan, afirmou ao assumir o cargo em janeiro de 1981 que a União Soviética "possuía um poder militar maior que o dos Estados Unidos, pois este entrara num declínio militar verdadeiramente alarmante mesmo antes que a retirada do Vietnã tivesse acelerado a tendência de enfraquecimento".

Para reverter essa suposta tendência de enfraquecimento, Reagan fixou uma meta de US$ 1,6 trilhão para gastos de defesa em cinco anos, mais de US$ 400 bilhões além do aumento já substancial projetado por Carter durante seu último ano na Casa Branca. Foi o maior desenvolvimento de armas em tempo de paz na história dos Estados Unidos. "A defesa não é um item do orçamento", Reagan disse ao Pentágono. "Gastem o que for preciso." Entre outras prioridades, ele deu nova vida ao dispendioso programa do bombardeiro B-1, aprovou o desenvolvimento do bombardeiro B-2 (Stealth), acelerou o posicionamento do controverso sistema MX (Míssil Experimental) e do sofisticado sistema de mísseis Trident lançados de submarinos, expandiu a Marinha de 450 para 600 navios e injetou novos fundos substanciais na CIA para sustentar um braço secreto mais efetivo. Embora Reagan apresentasse sua expansão militar apenas como um impulso para recuperar a "margem de segurança" dos Estados Unidos, ela representava na realidade um movimento para restabelecer a superioridade estratégica dos Estados Unidos – um status a que Reagan e muitos colegas conservadores nunca estiveram dispostos a renunciar.

Como seria de se esperar, os governantes da Rússia tornaram-se cada vez mais alarmados com a retórica beligerante e o comportamento assertivo da administração americana mais hostil que haviam enfrentado em pelo menos duas décadas. Tão vigilantes como os americanos em avaliar a capacidade e as intenções de seu principal adversário, as autoridades de defesa soviéticas preocupavam-se com a possibilidade de os Estados Unidos estarem procurando desenvolver o potencial para um primeiro ataque devastador contra os silos de mísseis e os centros industriais soviéticos. Essas suspeitas multiplicaram-se depois que Reagan revelou sua Iniciativa de Defesa Estratégica em março de 1983. O presidente anunciou num discurso público que estava ordenando "um empreendimento abrangente e intensivo" para "pesquisar maneiras de reduzir o perigo da guerra nuclear" pelo desenvolvimento de um escudo defensivo antimísseis. Reagan esboçou a visão utópica de um futuro livre do perigo nuclear: "E se as pessoas livres pudessem viver seguras sabendo que sua segurança não dependeria da ameaça de uma retaliação americana imediata para deter um ataque soviético, sabendo que poderíamos interceptar e destruir mísseis balísticos estratégicos antes que atingissem o nosso solo ou o de nossos aliados?".

A maioria dos especialistas considerava um escudo antimísseis abrangente tecnologicamente inviável. Ainda assim, a iniciativa surpreendente suscitou o espectro de sistemas defensivos mais limitados que poderiam acabar tornando nula e vazia a estrutura predominante de dissuasão mútua, desestabilizando com isso o equilíbrio estratégico soviético-americano. Ninguém menos conhecedor do assunto que o ex-secretário da Defesa McNamara observou que os soviéticos podiam ser perdoados por acreditarem que com o IDE os Estados Unidos buscavam a capacidade de desferir o primeiro ataque. Era exatamente o que alguns acreditavam. Yuri Andropov, que se tornou o líder soviético depois da morte de Brezhnev em novembro de 1982, exclamou que a administração Reagan estava tomando "um caminho extremamente perigoso". O ex-chefe da KGB condenou o IDE como "um lance para desarmar a União Soviética em face da ameaça nuclear dos Estados Unidos".

Durante a segunda metade de 1983, as relações soviético-americanas chegaram ao nadir. Em 1º de setembro de 1983, as defesas aéreas soviéticas abateram um avião de passageiros coreano que partira de Anchorage, Alaska, e que havia inadvertidamente entrado no espaço aéreo russo, matando todos os 269 passageiros, inclusive 61 americanos. No dia seguinte, Reagan apareceu na rede nacional de televisão para denunciar o que ele denominava o "massacre do avião de passageiros coreano" como um "crime contra a humanidade" completamente injustificado. Ele o descrevia como "um ato de barbárie, gerado em uma sociedade que desconsidera insensivelmente os direitos individuais e o valor da vida humana". As suspeitas soviéticas injustificadas de que o avião estava numa missão de espionagem e o fato de os soviéticos não demonstrarem grande remorso pelo trágico episódio combinaram-se com a reação retórica exagerada da administração Reagan para intensificar ainda mais as tensões. Andropov, cuja saúde definhava rapidamente na época, queixou-se da "injuriosa psicose militarista" predominante em Washington. Depois, no início de novembro,

12. Rebeldes afegãos mujaheddin com armas soviéticas capturadas, perto de Matun, 1979.

a OTAN foi adiante com um exercício militar programado que assustou de tal maneira os especialistas da inteligência soviética que eles suspeitaram que o exercício fosse um prelúdio e um disfarce para um ataque nuclear em plena escala contra a União Soviética. O Kremlin ordenou um alerta militar, e a inteligência americana ficou sabendo que aviões capazes de lançar armas nucleares haviam sido colocados em prontidão em bases aéreas da Alemanha Oriental. Os líderes soviéticos chegaram realmente a acreditar que a administração Reagan seria capaz de empreender uma guerra nuclear preventiva. Em dezembro, os representantes soviéticos retiraram-se das negociações de controle de armas que ocorriam, ainda que sem resultados, em Genebra. Protestavam contra o recente posicionamento do lote inicial de mísseis americanos Pershing II e Cruise na Europa Ocidental. Pela primeira vez em 15 anos, os negociadores americanos e soviéticos já nem sequer falavam uns com os outros em qualquer foro.

Contudo, apesar de toda a sua fanfarronada retórica e orçamentária, a administração Reagan se deu ao trabalho de evitar qualquer confronto militar direto com a União Soviética. A única grande mobilização das forças armadas americanas contra o que era identificado como um Estado cliente soviético ocorreu na minúscula Granada, em outubro de 1983. Os Estados Unidos montaram uma força de invasão de 7.000 homens para derrubar um regime marxista nativo, que havia recentemente assumido o poder na ilha caribenha por meio de um golpe de estado sangrento, e salvar várias dezenas de estudantes de medicina americanos supostamente em perigo. As tropas americanas esmagaram o exército de 600 homens de Granada e 636 operários de construção cubanos – proeza fortemente aclamada em todos os Estados Unidos. Mais característico da abordagem de Reagan, porém, e de muito mais importância para a sua estratégia da Guerra Fria, foi o fornecimento cada vez maior de assistência, geralmente de natureza secreta, para as guerrilhas anticomunistas que combatiam regimes apoiados pelos soviéticos por todo o Terceiro Mundo. No que veio a ser chamada Doutrina Reagan, os Estados Unidos lutavam para reduzir o poder soviético na periferia por meio do uso de insurgentes antiesquerdistas nativos como combatentes delegados – sobretudo no Afeganistão, na Nicarágua, em Angola e no Camboja. Em seu discurso Estado da União em janeiro de 1985, Reagan proclamou: "Não devemos deixar na mão aqueles que estão arriscando suas vidas – em todos os continentes, do Afeganistão à Nicarágua – para desafiar a agressão apoiada pelos soviéticos". Entretanto, retórica grandiloquente à parte, um dos aspectos mais marcantes do esforço americano para desafiar os governos apoiados pelos soviéticos no Terceiro Mundo era a relutância da administração em arriscar a vida do pessoal militar regular ou a possibilidade de um choque direto com a União Soviética.

Pressões contrárias

A maneira agressiva de a administração Reagan encarar a Guerra Fria encontrou oposição não só em um amedrontado círculo governante soviético, mas também no Ocidente. Os aliados-chave da OTAN recuaram do que alguns consideravam uma postura americana por demais beligerante, excessivamente perigosa. "A primeira metade da década de 80 presenciou um padrão recorrente", observa o historiador

David Reynolds, "os Estados Unidos em desavença com os soviéticos *e* também com seus aliados europeus." A opinião pública na Europa Ocidental, e nos próprios Estados Unidos, registrava uma profunda inquietação sobre as consequências certamente catastróficas de uma guerra nuclear que parecia menos impensável do que tinha sido por quase uma geração. A pressão pública e aliada exerceu poderosas pressões contrárias sobre a administração Reagan, forçando-a a voltar para a mesa de negociação em meados da década, mesmo antes que o advento do regime de Mikhail Gorbachev a suprisse com um parceiro negociador ansioso e condescendente.

A discórdia na aliança do Atlântico não era algo novo. Disputas entre os aliados haviam atormentado a OTAN desde os seus primeiros dias – sobre descolonização, Suez, Vietnã, partilha da defesa e diversas questões da estratégia ampla da Guerra Fria. Porém, a intensidade dos choques entre os Estados Unidos e seus parceiros europeus atingiu proporções sem precedentes durante o primeiro mandato de Reagan. A Polônia constituía uma fonte de conflito especialmente exasperadora. Em dezembro de 1981, o governo do general Wojciech Jaruzelski, apoiado pelos soviéticos, impôs a lei marcial a seus cidadãos rebeldes, reprimindo o sindicato independente e não comunista *Solidariedade*. Os aliados europeus dos Estados Unidos resistiram à pressão vigorosa de Reagan por sanções mais amplas contra Moscou como punição por desencadear "as forças da tirania" contra a Polônia. Limitaram-se a uma modesta interdição de novos créditos para o governo de Varsóvia. Os radicais na administração Reagan enfureceram-se; criticavam em privado os europeus como contemporizadores sem princípios que relutavam em tomar qualquer ação que pudesse pôr em risco as ligações comerciais lucrativas com o bloco oriental. Para forçar a questão, a administração usou a repressão polonesa como pretexto para subverter a planejada transação de um duto de gás natural entre a União Soviética e vários países da Europa Ocidental, precipitando com isso um choque de interesses muito mais sério entre europeus e americanos.

Seguindo a liderança da Alemanha Ocidental, vários países europeus haviam concordado em ajudar a construir um gasoduto de 5.632 quilômetros, que conectaria os imensos campos de gás natural da Sibéria aos mercados da Europa Ocidental. O gigantesco projeto de US$ 15 bilhões para a construção do gasoduto diminuiria a dependência europeia do instável Oriente Médio no tocante a recursos de energia, reforçando as ligações comerciais Leste-Oeste e criando empregos necessários numa Europa atolada em recessão. Preocupado com o fato de que o gasoduto poderia levar alguns de seus aliados mais próximos a se tornarem demasiado dependentes da União Soviética em termos econômicos e por isso vulneráveis a uma forma de chantagem econômica, Reagan anunciou a proibição de vender tecnologia americana de gasodutos para a União Soviética semanas depois da proclamação da lei marcial na Polônia. Em junho de 1982, o presidente exerceu pressão ainda mais forte, ordenando que todas as firmas europeias que utilizassem tecnologia licenciada pelos Estados Unidos, assim como todas as subsidiárias americanas que operavam na Europa, deveriam revogar todos os contratos de trabalhos relacionados com o gasoduto. A abrupta ação americana enfureceu os líderes europeus. O ministro das Relações Exteriores francês acusou os Estados Unidos de terem declarado "uma guerra econômica contra seus aliados" e alertou que isso poderia ser "o início do fim da Aliança do Atlântico". Com rudeza característica, o chanceler da Alemanha Ocidental, Helmut Schmidt, disparou: "Para todos os fins práticos, a política americana assumiu uma forma que sugere o fim da amizade e da parceria". Até mesmo a primeira-ministra britânica Margaret Thatcher, a aliada mais leal e a líder política mais antissoviética da Europa, sentiu-se afrontada pela falta de tato de Reagan. "A questão é se uma nação muito poderosa pode impedir que contratos existentes sejam cumpridos", ela observou. "Acho que é errado agir assim."

Em face desses protestos vigorosos, a administração Reagan recuou. Em novembro de 1982, após seis meses de negociações impacientes, o governo americano abandonou sua política de sanções. O episódio deixou claro aos formuladores de políticas em Washington que os europeus ocidentais tinham uma profunda relutância em rasgar o tecido da détente euro-soviética que se mostrara popular e economicamente benéfica. Embora a détente soviético--americana tivesse se desfeito no fim da década de 70, a variante europeia mantinha seu *momentum*. No início dos anos 80, cerca de meio milhão de empregos na Alemanha Ocidental estavam ligados ao comércio com o Leste; além disso, a transação do gasoduto parecia uma dádiva dos céus para os europeus ocidentais dependentes de energia. Por que renunciar a transações comerciais lucrativas com o bloco soviético, perguntavam os diplomatas, políticos e negociantes europeus, apenas para aplacar um aliado que havia recentemente retomado as vendas de grãos para a União Soviética a fim de honrar uma promessa de campanha feita por Reagan aos fazendeiros americanos? A hipocrisia americana irritava as sensibilidades europeias quase tanto quanto a arrogância americana. E, em sentido ainda mais amplo, os planejadores da defesa europeia não viam a ameaça soviética nos mesmos termos apocalípticos de seus colegas do outro lado do Atlântico.

O posicionamento de uma nova geração de mísseis nucleares americanos de alcance intermediário veio a ser a questão transatlântica mais contenciosa de todas. Não só colocou os Estados Unidos contra certos governos europeus, como também virou alguns desses governos contra seu próprio povo. O problema originou-se em 1977 com o posicionamento soviético de seus SS-20 móveis de base terrestre na Rússia europeia, a maioria dos quais estava apontada para a Alemanha. A princípio, a administração Carter propusera agir contra o novo posicionamento soviético com uma arma de radiação intensificada, chamada bomba de nêutron. Quando decidiu não posicionar a controversa bomba de nêutron em 1978, Carter enfureceu o chanceler Schmidt, que já resmungava sobre os americanos não serem confiáveis. Apenas duas semanas antes da invasão soviética do Afeganistão, a decisão da OTAN de enviar 572 mísseis Pershing II e Cruise para Alemanha, Grã-Bretanha, Itália, Bélgica e Holanda resultou do fiasco da bomba de nêutron. Mas a decisão era contingente, pois estava acoplada ao compromisso de continuar pressionando por meio de novas negociações de controle de armas com os soviéticos, tendo em vista atingir um equilíbrio estável no teatro de operações das armas nucleares na Europa – a assim chamada "pista dupla". Se bem-sucedidas, ou assim esperavam muitos europeus, essas conversações poderiam anular a necessidade de seguir adiante com os prometidos posicionamentos de mísseis americanos. Depois de assumir o poder, Reagan prometeu avançar rapidamente com os posicionamentos da força nuclear intermediária (INF), porém seu desprezo pelos acordos de controle de armas, expresso em público, indicava que as conversações em andamento com os soviéticos quase certamente não dariam em nada.

A perspectiva de novas armas nucleares americanas em solo europeu, em conjunção com o acentuado esfriamento nas relações soviético-americanas e com a retórica anticomunista superexaltada que provinha da Casa Branca, provocou o nível mais profundo de ansiedade pública a respeito da corrida armamentista nuclear em décadas. Como resultado, a iminente introdução dos mísseis Pershing II e Cruise ajudou a desencadear um grande movimento universal pela paz por toda a Europa Ocidental. Na Alemanha Ocidental, o "Apelo de Krefeld" de novembro de 1980, proposto por importantes grupos religiosos e políticos, logo ganhou mais de 2,5 milhões de assinaturas em apoio à sua plataforma central: "A morte atômica é uma ameaça para todos nós – Europa sem armas atômicas". Em outubro de 1981, milhões de europeus fizeram gigantescas passeatas de protesto contra os posicionamentos de mísseis americanos – e soviéticos. Bonn, Londres e Roma abrigaram marchas que atraíram cada uma mais de 250.000 participantes. No mês seguinte, 500.000 marcharam em Amsterdã no maior protesto em massa da história holandesa. Reagan havia inadvertidamente colocado lenha na fogueira quando, pouco antes das marchas pela paz, respondeu à pergunta de um repórter comentando que poderia ocorrer uma troca de disparos de armas nucleares no campo de batalha sem "induzir nenhuma das principais potências a apertar

13. Participantes de uma passeata antinuclear em Bruxelas carregam uma efígie caricatural do presidente Reagan, outubro de 1981.

o botão". O comentário ganhou manchetes sensacionalistas na Europa – porque a Europa seria, é claro, o "campo de batalha" a que Reagan tinha aludido de forma tão casual. Quando o presidente americano visitou a França e a Alemanha Ocidental em junho de 1982, foi acolhido com mais passeatas gigantescas, inclusive uma aglomeração pacífica de 350.000 pessoas que protestavam contra as armas nucleares ao longo das margens do rio Reno, em Bonn, e uma multidão turbulenta de mais de 100.000 em Berlim Ocidental. Esta última concentração formou-se em desafio à proibição de passeatas durante a visita de Reagan, o que provocou grande tumulto. Em outubro de 1983, outros vários milhões de europeus foram às ruas de Londres, Roma, Bonn, Hamburgo, Viena, Bruxelas, Haia, Estocolmo, Paris, Dublin, Copenhague e outras cidades importantes numa última campanha impressionante, ainda que fracassada, para bloquear os posicionamentos INF.

O movimento europeu pela paz gozava de amplo apoio. Do início de 1983 em diante, os dois principais partidos políticos de oposição na Grã-Bretanha e na Alemanha Ocidental – o Partido Trabalhista e o Social-Democrata – passaram a contestar os mísseis Pershing II e Cruise. Os sindicatos, a Igreja e grupos de estudantes por toda a Europa Ocidental também foram atraídos para a causa antinuclear. Segundo uma pesquisa de 1982, a aprovação dos movimentos pela paz nos principais países da OTAN oscilava de um mínimo de 55% a um máximo de 81%. Depois de rever os dados da pesquisa, o principal negociador de armas americano, Paul Nitze, admitiu numa reunião do Departamento de Estado: "Temos um problema político na Europa".

A administração Reagan enfrentava ainda um problema em seu próprio país, onde a crescente percepção pública do perigo da guerra nuclear deu origem à maior coalizão pela paz desde a Guerra do Vietnã. Como na Europa Ocidental, as igrejas revelaram-se instrumentais para o movimento. O influente Conselho Mundial de Igrejas advogou um freio na corrida armamentista nuclear, e os bispos católicos romanos dos Estados Unidos, habitualmente apolíticos, reagiram do mesmo modo. Em uma carta pastoral de 150 páginas de maio de 1983, os bispos católicos enfatizaram: "Somos a primeira geração desde o Gênesis com o poder de realmente destruir a criação de Deus". Proclamaram igualmente, num repúdio direto à política do governo, que "a busca da superioridade nuclear deve ser rejeitada". Vozes médicas e científicas ingressaram no debate, enfatizando as consequências humanas calamitosas da guerra nuclear. Alguns cientistas falavam de um "inverno nuclear" que se seguiria a qualquer grande conflito nuclear, resfriando desastrosamente a temperatura da Terra a ponto de extinguir grande parte da vida vegetal e animal. Para ilustrar o impacto sobre uma típica cidade americana, os Médicos pela Responsabilidade Social publicaram o que uma bomba nuclear de um megaton provocaria atingindo o centro de Boston: mais de 2 milhões de mortos, a área central eliminada e os subúrbios circundantes abalados pela explosão e por seus efeitos radioativos associados. O *Detroit Free Press* sobrepôs um alvo em cima de uma foto de Detroit no suplemento-revista de domingo, com uma história relacionada sobre os níveis assustadores de morte e devastação que um ataque nuclear causaria naquela cidade. O best-seller de Jonathan Schell, *The Fate of the Earth* (1982), continha detalhes sucintos e horríveis sobre as consequências da guerra nuclear. E, o mais influente de todos, o programa de televisão da rede ABC *O Dia Seguinte*, um espetáculo visto por 100 milhões de americanos, dramatizava vividamente as consequências de um ataque nuclear à cidade de Lawrence, Kansas. Reagan ficou tão alarmado com o impacto cultural de "O Dia Seguinte" que mandou o secretário de Estado George P. Schultz aparecer na ABC logo depois da apresentação do programa para ajudar a moderar a reação pública.

14. Passeata antinuclear na Cidade de Nova York, 12 de junho de 1982.

O movimento para congelar as armas nucleares, que atingiu seu pico entre 1982 e 1984, foi o principal fruto político da crescente consciência antinuclear entre o povo americano. Uma passeata em 12 de junho de 1982 no Central Park de Nova York reuniu perto de um milhão de pessoas em prol do congelamento dos arsenais nucleares de cada uma das superpotências. Esta ainda se mantém como a maior passeata política da história da nação. O movimento também ganhou forte apoio do Congresso. Em 4 de maio de 1983, a Câmara dos Deputados aprovou uma resolução de congelamento nuclear pela decisiva votação de 278 a 149. As pesquisas de opinião pública registraram índices de aprovação de não menos que 70% para o movimento do congelamento nuclear durante todos esses anos. As pesquisas também oferecem algumas das mais fortes evidências da inquietação pública geral a respeito das políticas militares da administração Reagan. Segundo uma pesquisa, 50% de uma amostra representativa dos cidadãos americanos acreditavam que a nação estaria mais segura se os seus líderes passassem mais tempo negociando com os soviéticos e menos tempo aumentando as forças militares; somente 22% discordavam. Da mesma forma, uma pesquisa Gallup de dezembro de 1983 relatou que 43% dos americanos acreditavam que o fortalecimento militar de Reagan tinha levado os Estados Unidos "mais para perto da guerra" em vez de "mais para perto da paz", enquanto apenas 25% discordavam.

Em resposta a essas realidades políticas, Reagan suavizou deliberadamente sua retórica quando o ano de 1984 teve início. Alguns de seus conselheiros políticos mais próximos tinham convencido o presidente de que as questões de política externa apareciam como seu maior compromisso potencial com os eleitores americanos na eleição presidencial daquele ano e de que uma abordagem mais conciliatória em relação à União Soviética fortaleceria sua candidatura à reeleição. O secretário de Estado Shultz também pressionava fortemente para que se retomasse o diálogo com os russos. Então, num importante discurso naquele janeiro, Reagan ofereceu um ramo de oliveira a Moscou, chamando 1984 de "um ano de oportunidades para a paz" e declarando-se disposto a renovar as negociações. Na peroração daquele discurso, rascunhado pelo próprio Reagan, o presidente esboçou o retrato vívido de dois casais comuns, um americano e um soviético, "Jim e Sally" e "Ivan e Anya", que desejavam a paz entre seus respectivos países. Em 24 de setembro, em meio à campanha eleitoral, Reagan propôs perante a Assembleia Geral da ONU que fosse estabelecida uma nova estrutura de negociação soviético-americana que combinaria sob o mesmo teto três diferentes conversações sobre armas nucleares: sobre forças nucleares intermediárias (INF), sobre limitações de armas estratégicas (START) e sobre armas antissatélites (ASAT).

Cuidado com o urso

Uma das mais memoráveis propagandas televisivas da campanha de Reagan durante a eleição de 1984 apresentava um grande e ameaçador urso marrom. Quando o urso passava por uma floresta quebrando tudo, o narrador explicava solenemente: "Há um urso na mata. Para algumas pessoas, é fácil ver o urso. Outras não o veem de jeito nenhum. Algumas pessoas dizem que o urso é manso. Outras dizem que é feroz e perigoso. Como ninguém tem

> realmente certeza de quem está com a razão, não é inteligente ser tão forte quanto o urso – se o urso existir?".
> O comercial alegórico pretendia, obviamente, lembrar aos eleitores que Reagan continuava avesso a arriscar a segurança da nação deixando cair a guarda numa época em que o imprevisível urso russo ainda estava rondando à procura de caça.

Pouco depois da retumbante reeleição de Reagan em novembro, Moscou concordou em participar de negociações com essa nova estrutura. Constantin Chernenko, que ascendera à posição de primeiro-secretário do Partido Comunista em fevereiro de 1984, após a morte de Andropov, aprovou o início das novas conversações. Elas começaram em março de 1985, mas rapidamente estagnaram; o principal obstáculo a seu avanço revelou ser o cobiçado programa de defesa contra mísseis de Reagan, uma iniciativa que os soviéticos ainda consideravam perigosamente desestabilizadora. A abertura das conversações coincidiu por acaso com um desenvolvimento soviético interno de importância muito maior para o futuro: a substituição do adoentado Chernenko, depois de apenas um ano no poder, por um tipo totalmente diferente de líder soviético.

Gorbachev e o fim da Guerra Fria

A ascensão de Mikhail Gorbachev à posição de secretário-geral do Partido Comunista Soviético em março de 1985 constitui a reviravolta mais crítica na fase final da Guerra Fria – o fator, acima de todos os outros, que apressou o fim da Guerra Fria e a transformação radical nas relações soviético-americanas que acompanhou esse desfecho. O dinâmico Gorbachev de 54 anos fez praticamente todas as principais concessões que deram origem aos acordos de redução de armas realmente importantes no final da década de 80. Por meio de uma série de aberturas e concessões inesperadas e comumente unilaterais, ele conseguiu mudar todo o teor da relação soviético-americana, acabando por privar os Estados Unidos do inimigo cujos desígnios supostamente expansionistas os americanos tinham procurado frustrar nos últimos 45 anos. Sem esse indivíduo extraordinário, as mudanças espantosas do período 1985-1990 tornam-se quase inconcebíveis.

Gorbachev e seu ministro das Relações Exteriores, Eduard Shevardnadze, propuseram novas ideias sobre segurança e armas nucleares, e a relação de ambas com as mais altas prioridades de seu governo: reforma interna e revitalização do socialismo. Influenciado por um ambiente intelectual cambiante na União Soviética, modelado em parte por cientistas e especialistas em política externa amplamente expostos ao Ocidente e em contato próximo com seus congêneres ocidentais, Gorbachev e Shevardnadze injetaram "pensamento novo" tanto no círculo dos líderes sérios do Kremlin quanto no bloqueado diálogo soviético-americano. "A minha impressão é que ele realmente decidiu pôr fim à corrida armamentista de qualquer maneira", observou o assessor de Gorbachev. Anatoly Chernayev observou sobre seu chefe no início de 1986: "Ele está assumindo este 'risco' porque, na sua compreensão, não é absolutamente um risco, uma vez que ninguém nos atacaria mesmo que estivéssemos completamente desarmados. E, para fazer o país avançar em bases sólidas, temos de lhe tirar a carga da corrida armamentista, o que significa um gasto de energia não só na economia, mas também em muitas outras áreas".*

Gorbachev e Shevardnadze tinham chegado à conclusão de que a corrida armamentista era contraproducente; não acrescentava nada à segurança real da nação, enquanto sobrecarregava uma economia que já sofria de escassez financeira. "As noções tradicionais seculares de segurança nacional como a defesa do país contra uma ameaça militar externa têm sido abaladas por profundas mudanças estruturais e qualitativas na civilização humana", insistia Shevardnadze, "resultado do crescente papel da ciência e tecnologia e da sempre maior interdependência mundial no que diz respeito à política, à economia, à sociedade e às informações."

A verdadeira segurança, afirmava Gorbachev, só poderia ser proporcionada "por meios políticos", e não por meios militares. A "interdependência" global, enfatizava, "é tal que todos os povos se assemelham a alpinistas amarrados uns aos outros na encosta da montanha. Ou sobem juntos até o cume, ou caem juntos no abismo". Qualquer "busca de superioridade militar", comentou em outra ocasião, "significa correr atrás do próprio rabo". Convencidos de que nenhuma pessoa ou Estado racional usaria armas nucleares, e de que a União Soviética possuía um arsenal nuclear suficiente para sua própria proteção, os novos líderes pensavam que a meta global da política externa sovié-

---

* Esta e várias das citações seguintes, além de grande parte da linha de análise apresentada nesta seção, são retiradas de um ensaio inédito de Melvyn P. Leffler, "The Beginning and the End: Time, Context, and the Cold War", in *The Cold War in the 1980's*, ed. Olav Njolstad (Londres, a ser publicado). (N.A.)

tica deveria estimular uma redução de armas nucleares e convencionais em conjunto com os Estados Unidos. Agir dessa maneira, acreditavam, fomentaria simultaneamente um ambiente internacional mais seguro e sem riscos, bem como liberaria recursos necessários para reformas internas atrasadas de seu sistema econômico profundamente perturbado. Assim, desde o início, o impulso interno de Gorbachev para a *perestroika* (reestruturação) e a *glasnot* (abertura) estava intimamente ligado à sua determinação de deter a corrida armamentista com os Estados Unidos e de terminar abruptamente a relação de hostilidade venenosa que havia se desenvolvido entre as superpotências desde o fim da détente.

Profundas forças estruturais impunham uma nova abordagem à Guerra Fria. Logo após se tornar o líder do Partido Comunista, Gorbachev ficou sabendo que a União Soviética vinha investindo insustentáveis 30% de seu PIB com despesas militares. Os crescentes compromissos internacionais de Moscou com o Leste europeu, Afeganistão, Vietnã, Cuba, o Nordeste Africano deixou a União Soviética desgastada, exacerbando o problema de fundo. As taxas de crescimento soviéticas, além disso, haviam diminuído consideravelmente nos anos 1970 e 1980. O aumento exponencial no preço do petróleo a partir de 1973 mascarou, em parte, as dificuldades da União Soviética, com a exportação de energia respondendo por 80% da moeda forte do país. Mas diminuir a produção de petróleo em meados da década de 1980 e o preço descendente do mesmo – uma queda de 69% só em 1986 – expôs de forma inequívoca a fraqueza sistêmica de uma nação tão fortemente dependente dos combustíveis fósseis. O fracasso dessa economia de suprir as necessidades básicas dos consumidores foi, talvez, a mais chamativa deficiência do sistema soviético. Ao mesmo tempo, o aumento da consciência e do ativismo em prol dos direitos humanos, defendidos nos acordos de Helsinque, corroeram o poder e a legitimidade do Estado soviético e dos seus satélites no Leste europeu.

Diferentemente, por ocasião da chegada de Gorbachev ao poder, os países ocidentais democráticos e capitalistas e o Japão estavam enfrentando um grande ressurgimento econômico após os revezes e crises da década anterior. Catalizado pela inovação tecnológica, informatização, integração comercial e pela globalização, o capitalismo se mostrou bem mais resiliente do que seus críticos pensaram possível. O vão entre a performance econômica do Ocidente e do Oriente aumentava rapidamente, como Gorbachev bem o sabia.

A série trepidante de acontecimentos ocorridos entre 1985 e 1990 deixou surpresos os responsáveis pelas decisões governamentais, os especialistas em política externa e os cidadãos comuns em todo o mundo. No entanto, esses acontecimentos memoráveis, é agora evidente, foram precedidos e condicionados pelo novo pensamento sobre segurança, armas nucleares e necessidades internas que animou todas as interações de Gorbachev com os Estados Unidos, a Europa Oriental e o mundo em geral. Ronald Reagan, o líder americano mais inequivocamente anticomunista de toda a era da Guerra Fria, descobriu então um líder soviético que dizia sim para o controle de armas com mais rapidez do que ele conseguia dizer não e que passou a "desideologizar" a política externa de Moscou, oferecendo concessões unilaterais no que dizia respeito às forças armadas convencionais e prometendo retirar as tropas soviéticas do Afeganistão. Para seu grande crédito, Reagan mostrou-se disposto primeiro a moderar, depois a abandonar convicções pessoais profundamente arraigadas sobre a natureza maligna do comunismo, permitindo com isso que ocorresse uma genuína aproximação.

Os dois homens encontraram-se cinco vezes entre 1985 e 1988, desenvolvendo uma compreensão mais forte a cada cúpula. Depois da cúpula em que travaram conhecimento, realizada em Genebra em novembro de 1985, uma reunião que produziu pouca substância, mas melhorou acentuadamente a atmosfera da relação soviético-americana, Gorbachev convenceu Reagan a participar de um encontro apressadamente arranjado em Reykjavik, Islândia, em outubro de 1986. Ali, os dois líderes chegaram extraordinariamente perto da decisão de eliminar todos os mísseis balísticos. No final, porém, a insistência de Reagan em continuar com sua iniciativa SDI levou o líder soviético a retirar as empolgantes propostas que havia colocado sobre a mesa. Mas o recuo em Reykjavik mostrou-se apenas temporário. Pouco depois, Gorbachev deixou de insistir que o abandono do SDI pelos Estados Unidos fosse um pré-requisito para o progresso em todas as questões de controle de armas e passou a aceitar a "opção zero" apresentada pelos negociadores americanos pela primeira vez em 1981 – e mais tarde sobretudo como um estratagema de propaganda por favorecer de forma tão clara o lado americano.

As concessões de Gorbachev propiciaram a conclusão do Tratado das Forças Nucleares Intermediárias, assinado na cúpula de Washington em dezembro de 1987. Em seus comentários públicos, Reagan repetiu jocosamente o que dizia ser uma antiga máxima russa: *"doveryai no porveryai*

– confie, mas verifique". O governante soviético oferecia uma visão mais elevada. "Que o dia 8 de dezembro de 1987 torne-se uma data para ser inscrita nos livros de história", declarou, "uma data que marcará o divisor de águas entre a era de um crescente risco de guerra nuclear e a era da desmilitarização da vida humana." O Tratado INF, rapidamente ratificado pelo Senado americano, causou a destruição de 1.846 armas nucleares soviéticas e 846 armas americanas em três anos, cada lado permitindo uma inspeção minuciosa e inédita dos sítios nucleares do outro lado. Pela primeira vez na era atômica, uma categoria real de armas nucleares estava sendo não apenas limitada, mas realmente eliminada.

A viagem de Reagan a Moscou na primavera de 1988 atestou ainda com mais força a transformação em andamento nas relações soviético-americanas – e na Guerra Fria. Agora, os líderes das duas superpotências estavam claramente se tratando mais como parceiros amistosos do que como inimigos. O presidente americano até mesmo rejeitou sua descrição anterior do Estado soviético como um império do mal. Quando indagado por um repórter se ainda via a União Soviética nesses termos, Reagan respondeu: "Não. Eu estava falando sobre outro tempo, outra era". Em seus comentários públicos antes de deixar Moscou, o homem que havia proferido as denúncias mais duras contra o Estado soviético desde o início da Guerra Fria pediu que Gorbachev "transmitisse ao povo da União Soviética os profundos sentimentos de amizade" que ele, sua esposa Nancy e o povo americano nutriam pelos soviéticos. Expressou "a esperança de uma nova era na história humana, uma era de paz entre nossas nações e nossos povos". Com certeza, as fotos de Reagan e Gorbachev caminhando ama-

15. Reagan e Gorbachev caminham juntos na Praça Vermelha, em Moscou, durante a visita de Reagan a Moscou em maio de 1988.

velmente de braços dados pela Praça Vermelha e o discurso do presidente americano com seu charme característico de tio afetuoso na Universidade Estatal de Moscou, diante de um imenso busto de ninguém menos que Lenin, diziam muito mais que vários volumes sobre a extraordinária metamorfose que ocorrera.

Em dezembro de 1988, Gorbachev fez outra visita aos Estados Unidos para se encontrar com Reagan pela última vez, aproveitando também para participar de discussões com o presidente eleito George Bush e formar sua opinião sobre o novo líder americano. Essa viagem coincidiu com um importante discurso que o líder soviético proferiu nas Nações Unidas, no qual revelou sua intenção de reduzir unilateralmente as forças militares soviéticas em 500.000 soldados. "Talvez, desde que Woodrow Wilson apresentou os seus Catorze Pontos em 1918, ou desde que Franklin Roosevelt e Winston Churchill promulgaram a Carta do Atlântico em 1941", expressou-se com arroubo o *New York Times* num lide editorial, "nenhuma figura mundial tenha demonstrado a visão que Mikhail Gorbachev exibiu ontem nas Nações Unidas." O secretário de estado Schultz observou, vários anos depois, que, "se alguém declarou o fim da Guerra Fria, foi nesse discurso".

A proposta de Gorbachev provocou uma redução significativa da presença militar soviética na Europa Oriental. Indicou também, assim como uma série de suas declarações públicas e privadas, que os líderes do Kremlin estavam descartando a assim chamada Doutrina Brezhnev – a noção de que a União Soviética usaria a força, se necessário, para manter um controle rígido sobre cada um de seus aliados do Pacto de Varsóvia. Com o afrouxamento do domínio soviético, os dissidentes da Europa Oriental exultaram, enquanto os *apparatchiks* comunistas conservadores tremeram. O que se seguiu com extraordinária rapidez foram as revoluções democráticas populares que varreram do poder todo o regime comunista na Europa Oriental, começando com a Polônia na metade de 1989, onde o outrora proibido *Solidariedade* formou um novo governo, e terminando com o desfecho violento do regime de Nikolae Ceausescu na Romênia no final do ano. O acontecimento que simbolizou com mais força o desmoronamento da antiga ordem foi a abertura do Muro de Berlim em 9 de novembro. Aquela infame barreira de concreto de 45 quilômetros de extensão passara a significar não apenas a divisão da antiga capital da Alemanha, mas a divisão da Europa em geral. Quando o muro se desintegrou, desapareceu também a linha divisória Leste-Oeste da Europa. "O desmantelamento total do socialismo como fenômeno mundial está em andamento", Anatoly Chernayev escreveu em seu diário, "e um sujeito comum de Stavropol pôs esse processo em movimento." Para o deleite da administração Bush, que sabiamente optou por não exultar com o repúdio dos Estados comunistas da Europa Oriental, Gorbachev – o sujeito comum de Stavropol – simplesmente deixou os acontecimentos seguirem seu curso.

Em muitos aspectos, a demolição do Muro de Berlim e a implosão concomitante não só dos governos comunistas da Europa Oriental, mas de todo o sistema de aliança do Pacto de Varsóvia, significaram o fim da Guerra Fria. O conflito ideológico estava terminado. Nem o comunismo, nem o Estado soviético representavam uma ameaça séria para a segurança dos Estados Unidos ou de seus aliados.

Por isso, muitos observadores têm citado o ano de 1989 como a data de término da Guerra Fria. Entretanto, a essa altura, uma questão crucial continuava sem solução: o status da Alemanha. Além disso, tratava-se da mesmíssima questão que, por sua importância e intratabilidade, havia precipitado o primeiro rompimento soviético-americano no período imediatamente após a Segunda Guerra Mundial.

O governo do chanceler Helmut Kohl na Alemanha Ocidental começou a pressionar pela reunificação alemã assim que o muro veio abaixo, colocando diante do Kremlin um dilema estratégico intimidante. Gorbachev havia calculado que a segurança soviética já não exigia a preservação de regimes satélites submissos na Europa Oriental, mas a Alemanha era diferente. Uma Alemanha dividida constituía um elemento central na política de segurança soviética desde o domínio de Stalin. "Havíamos pagado um preço enorme pela divisão", observou Shevardnadze, "e abrir mão disso era inconcebível. A lembrança da guerra era mais forte do que os novos conceitos sobre os limites de segurança." Em meados da década de 90, porém, Gorbachev aceitou finalmente a inevitabilidade de uma Alemanha reunificada. Sem vontade de usar a força para frustrar o que parecia ser um *momentum* quase irresistível em direção à unidade, o líder soviético consolou-se com as afirmações de Bush de que a Alemanha continuaria sendo refreada no sistema de segurança ocidental. O maior temor de Gorbachev era uma Alemanha incontrolada e recém-habilitada tornar-se uma futura ameaça para a segurança russa – exatamente o mesmo temor, vale enfatizar, que estava por trás da maneira de Stalin abordar o problema alemão durante e pouco depois da Segunda Guerra Mundial. Contudo, o recorde de mais

16. O Muro de Berlim vem abaixo, novembro de 1989.

de quatro décadas de democracia alemã serviu para diluir esses temores. Acoplado com a insistência americana para que a Alemanha permanecesse trancada na OTAN, em vez de independente em relação a essa organização, esse recorde de paz, estabilidade e governança democrática ajudou a mitigar as ansiedades de Gorbachev.

No verão de 1990, soviéticos, americanos, britânicos, franceses e alemães concordaram que as duas Alemanhas constituiriam daquele momento em diante um único país soberano que continuaria ancorado na aliança da OTAN. Com o poder alemão plenamente cooptado na coalizão ocidental, uma das maiores preocupações das autoridades americanas da Guerra Fria – a de uma Alemanha unificada e pró-soviética – desapareceu. A observação sucinta de Brent Scowcroft, o conselheiro de Segurança Nacional de Bush, de que "a Guerra Fria terminou quando os soviéticos aceitaram uma Alemanha unida na OTAN" parece assim correta. Em vez de 1989, foi o ano de 1990 que marcou verdadeiramente o fim da Guerra Fria. O colapso da própria União Soviética em 1991, produto de forças ativadas pelas reformas de Gorbachev que ele se mostrou incapaz de controlar, representa um marco histórico crucialmente importante por seus próprios méritos, mas um anticlímax no que diz respeito à Guerra Fria. Na época em que a União Soviética desapareceu, a própria Guerra Fria já era história. Seu fim repentino – e decididamente não violento – deixou boa parte do mundo surpreso, desafiando as previsões e expectativas de virtualmente todos os observadores de assuntos internacionais. "A transição incrivelmente ágil" de 1989-91, de acordo com o estudioso britânico Adam Roberts, "foi o caso mais notável de mudança pacífica em grande escala na história do planeta."

Uma lua de mel de curta duração entre as relações russo-americanas seguiu-se nos anos 1990 e nos primeiros anos do novo século apenas para dar lugar a renovadas suspeitas e hostilidades. Sob o jugo do homem forte russo Vladimir

Putin, que chegou ao poder em dezembro de 1999 e desde então tem governado com um comando cada vez mais autocrático, Moscou se opôs terminantemente à expansão da OTAN na direção do Oriente, aos esforços ocidentais em cortejar ex-repúblicas soviéticas e àquilo que vê como comportamento arrogante e condescendente da única superpotência remanescente. A anexação por parte da Rússia da região ucraniana da Crimeia, em 2014, levou a pesadas sanções por parte do Ocidente. Em parte como represália, Putin ordenou operações cibernéticas secretas durante a eleição presidencial americana, em 2016, com o intuito de atacar a democracia americana e melhorar as chances de seu candidato favorito, Donald J. Trump, que acabou saindo vitorioso.

Alguns comentaristas proclamaram o início de uma nova guerra fria. Porém, apesar de algumas similaridades superficiais com o conflito de superpotências que se seguiu à Segunda Guerra Mundial, a analogia não é adequada. A atual rivalidade russo-americana não tem a dimensão ideológica que era tão central na Guerra Fria. Nenhum dos dois lados se vê competindo pela alma da humanidade; nenhum encara a disputa como uma luta maniqueísta que envolve todo o globo e que não deixa espaço para neutralidade entre as nações-estados. Além disso, o desequilíbrio de poder entre Estados Unidos e Rússia é muito maior agora do que nos anos da Guerra Fria. Putin governa uma economia aproximadamente do tamanho da Itália, representando menos de 10% da economia do seu velho rival da Guerra Fria. Com a China ascendente ao poder e sinais de um mundo cada vez mais multilateral, o conflito russo-americano pode persistir, mas a época histórica única conhecida como Guerra Fria não voltará a ocorrer.

LEITURAS COMPLEMENTARES

Vários livros cobrem com muita competência toda a Guerra Fria. Particularmente recomendados são David S. Painter, *The Cold War: An International History* (Londres, 1999); Martin Walker, *The Cold War: A History* (Londres, 1993); S.J. Ball, *The Cold War: An International History, 1947-1991* (Londres, 1998); Richard J. Crockatt, *The Fifty Years War: The United States and the Soviet Union in World Politics, 1941-1991* (Londres, 1995); Walter LaFeber, *America, Russia, and the Cold War, 1945-2000*, 9. ed. (Nova York, 2002); Ronald E. Powaski. *The Cold War: The United States and the Soviet Union, 1917-1991* (Nova York, 1998); Geoffrey Roberts, *The Soviet Union in World Politics: Coexistence, Revolution and Cold War, 1945-1991* (Londres, 1999); Thomas J. McCormick, *America's Half-Century: United States Foreign Policy in the Cold War* (Baltimore, 1989); Warren I. Cohen, *America in the Age of Soviet Power, 1945-1991* (Nova York, 1993), e H. W. Brands, *The Devil We Knew: Americans and the Cold War* (Nova York, 1913).

Obras importantes que utilizam novas fontes de arquivos para interpretar a primeira metade da Guerra Fria incluem Vladislav Zubok e Constantine Pleshakov, *Inside the Kremlin's Cold War: From Stalin to Khrushchev* (Cambridge, Mass., 1996), e John Lewis Gaddis, *We Now Know: Rethinking Cold War History* (Oxford, 1997). Uma coletânea útil é Odd Arne Westad (ed.), *Reviewing the Cold War: Approaches, Interpretations, Theory* (Londres, 2000).

Capítulo 1

LEFFLER, Melvyn P. *The Specter of Communism: The United States and the Origins of the Cold War, 1917-1953*. Nova York, 1994.

LEFFLER, Melvin P.; WESTAD, Odd Arne. *The Cambridge History of the Cold War*. v. 1. Cambridge, 2010.

MASTNY, Vojtech. *The Cold War and Soviet Insecurity: The Stalin Years*. Nova York, 1996.

MURRAY, Williamson; MILLETT, Allan R. *A War To Be Won: Fighting the Second World War*. Cambridge, Mass., 2000.

PATERSON, Thomas G. *On Every front: The Making and Unmaking of the Cold War*. Nova York, 1992.

THORNE, Christopher. *The Issue of War: States, Societies, and the Far Eastern Conflict of 1941-1945*. Nova York, 1985.

VOLKOGONOV, Dimitri. *Stalin*. Nova York, 1991.

Capítulo 2

EISENBERG, Carolyn. *Drawing the Line: The American Decision to Divide Germany, 1944-1949*. Nova York, 1996.

HOGAN, Michael J. *The Marshall Plan: America, Britain, and the Reconstruction of Western Europe, 1947-1952*. Nova York, 1987.

LEFFLER, Melvyn P. *A Preponderance of Power: National Security, the Truman Administration, and the Cold War*. Stanford, Calif., 1992.

MARK, Eduard, "Revolution by Degrees: Stalin's National-Front Strategy for Europe, 1941-1947". Ensaio para discussão #31 do Projeto de História Internacional da Guerra Fria, 2001.

TRACHTENBERG, Marc. *A Constructed Peace: The Making of the European Settlement, 1945-1963*. Princeton, 1999.

YERGIN, Daniel. *Shattered Peace: The Origins of the Cold War and the National Security State*. Boston, 1978.

CAPÍTULO 3

BORDEN, William S. *The Pacific Alliance: United States Foreign Economic Policy and Japanese Trade Recovery, 1947-1955*. Madison, Wis., 1984.

CUMINGS, Bruce. *The Origins of the Korean War*. 2 vols. Princeton, 1981 e 1990.

DOWER, John W. *Embracing Defeat: Japan in the Wake of World War II*. Nova York, 1999.

GONCHAROV, Sergei N.; LEWIS, John W.; LITAI, Xue. *Uncertain Partners: Stalin, Mao, and the Korean War*. Stanford, Calif., 1993.

JIAN, Chen. *Mao's China and the Cold War*. Chapel Hill, N. C., 2001.

MCMAHON, Robert J. *The Limits of Empire: The United States and Southeast Asia since World War II*. Nova York, 1999.

SCHALLER, Michael. *The American Occupation of Japan: The origins of the Cold War in Asia*. Nova York, 1983.

STUECK, William. *The Korean War: An International History*. Princeton, 1995.

CAPÍTULO 4

CHANG, Gordon H. *Friends and Enemies: The United States, China, and the Soviet Union, 1948-1972*. Stanford, Calif., 1990.

Dockrill, Saki. *Eisenhower's New Look National Security Policy, 1953-1961*. Londres, 1996.

Freiberger, Steven Z. *Dawn over Suez: The Rise of American Power in the Middle East*. Chicago, 1992.

Immerman, Richard H. *John Foster Dulles*. Wilmington, Del., 1999.

Louis, Wm Roger; Owen, Roger (eds.). *Suez 1956: The Crisis and its Consequences*. Nova York, 1989.

Rabe, Stephen G. *Eisenhower and Latin America*. Chapel Hill, N.C., 1988.

Taubman, William. *Khrushchev: The Man and His Era*. Nova York, 2003.

Westad, Odd Arne. *The Global Cold War*. Cambridge, 2007.

Capítulo 5

Freedman, Lawrence. *Kennedy's Wars: Berlin, Cuba, Laos, and Vietnam*. Nova York, 2000.

Fursenko, Aleksandr; Naftali, Timothy. *"One Hell of a Gamble": Khrushchev, Castro, and Kennedy, 1958-1964*. Nova York, 1997.

Logevall, Fredrik. *Choosing War: The Lost Chance for Peace and the Escalation of the War in Vietnam*. Berkeley, 1999.

Paterson, Thomas G. (ed.). *Kennedy's Search for Victory*. Nova York, 1989.

Qiang, Zhai. *China and the Vietnam Wars, 1950-1975*. Chapel Hill, N.C., 2000.

Rakove, Robert B. *Kennedy, Johnson and the Nonaligned World*. Nova York, 2013.

Capítulo 6

Borstelmann, Thomas. *The Cold War and the Color Line: American Race Relations in the Global Arena*. Cambridge, Mass., 2001.

Judt, Tony. *Postwar: A History of Europe Since 1945*. Nova York, 2005.

Kuznick, Peter J.; Gilbert, James (eds.). *Rethinking Cold War Culture*. Washington, 2001.

McMahon, Robert J. *The Cold War on the Periphery: The United States, India, and Pakistan*. Nova York, 1994.

Reynolds, David. *One World Divisible: A Global History since 1945*. Nova York, 2000.

Sherry, Michael S. *In the Shadow of War: The United States since the 1930s*. New Haven, Conn., 1995.

Whitfield, Stephen J. *The Culture of the Cold War*. Baltimore, 1991.

Young, John. *Cold War Europe, 1945-1989: A Political History*. Londres, 1991.

Capítulo 7

Borstelmann, Thomas. *The 1970s: A New Global History from Civil Rigths to Economic Inequality*. Princeton, 2012.

Brands, H. W. *Since Vietnam: The United States in World Affairs, 1973-1995*. Nova York, 1996.

Brands, H. W. *The Devil We Knew: Americans and the Cold War*. Nova York, 1993.

Gaddis, John Lewis. *Strategies of Containment: A Critical Appraisal of Postwar American National Security Policy*. Nova York, 1982.

GARTHOFF, Raymond L. *Détente and Confrontation: American-Soviet Relations from Nixon to Reagan*. Washington, 1983.

KISSINGER, Henry. *White House Years*. Boston, 1979.

LAFEBER, Walter. *America, Russia, and the Cold War, 1943-2000*. 9. ed. Nova York, 2000.

REYNOLDS, David. *One World Divisible: A Global History since 1945*. Nova York, 2000.

SARGENT, Daniel J. *A Superpower Transformed: The Remaking of American Foreign Relations in the 1970s*. Nova York, 2015.

SMITH, Gaddis. *Morality, Reason, and Power: American Diplomacy in the Carter Years*. Nova York, 1986.

WESTAD, Odd Arne (ed.). *The Fall of Detente: Soviet-American Relations during the Carter Years*. Oslo, 1997.

CAPÍTULO 8

BRANDS, Hal. *Making the Unipolar Moment: US Foreign Policy and the Rise of the Post-Cold War Order*. Nova York, 2016.

CORTRIGHT, David. *Peace Works: The Citizen's Role in Ending the Cold War*. Boulder, Co., 1993.

ENGLISH, Robert D. *Russia and the Idea of the West: Gorbachev, Intellectuals, and the End of the Cold War*. Nova York, 2000.

EVANGELISTA, Matthew. *Unarmed Forces: The Transnational Movement to End the Cold War*. Ithaca, Nova York, 1999.

GARTHOFF, Raymond L. *The Great Transition: American-Soviet Relations and the End of the Cold War*. Washington, 1994.

LEFFLER, Melvin P. *For the Soul of Mankind: The United States, the Soviet Union, and the Cold War*. Nova York, 2007.

SAROTTE, Mary Elise. *1989: The Struggle to Create Post--Cold War Europe*. Princeton, 2009.

SHULTZ, George P. *Turmoil and Triumph: My Years as Secretary of State*. Nova York, 1998.

WILSON, James Graham. *The Triumph of Improvisation: Gorbachev's Adaptability, Reagan's Engagement, and the End of Cold War*. Ithaca (NY), 2014.

ÍNDICE REMISSIVO

A

ABMs (mísseis antibalísticos) 172, 174
Acheson, Dean 12, 21, 59, 65-66, 77, 99, 131, 162
acordos de controle de armas 170, 181, 194, 208
acordos de porcentagens 34
Açores 17
Adenauer, Konrad 82, 84, 115, 154
Afeganistão 151, 192, 194, 203, 207, 220
África 15, 32, 80, 93, 119, 120, 144, 181, 185, 188-189, 193
afro-americanos 160
agricultura 26
AIOC (Companhia de Petróleo Anglo-Iraniana) 93
Albânia 86
Alemanha 10, 18, 23, 29-31, 33-34, 36-39, 41, 43, 48-52, 54, 57-58, 75, 82-87, 101, 108, 114-115, 117-119, 134, 137, 152-154, 159, 177-179, 194, 202, 205-210, 224-227
  divisão da 50-51
  Pacto Nazi-Soviético (1939) 30
  reunificação 194, 225
Alemanha Ocidental 51, 82-85, 87, 115, 134, 152, 154, 159, 177-179, 205-206, 208-210, 225
  rearmamento 82, 84, 86
  reunificação 194, 225
Alemanha Oriental 51, 83, 86, 114-115, 117-119, 177-178, 202
  ver também Alemanha
Andropov, Yuri 193, 200, 215
Angola 147, 151, 184-185, 189, 203
Arábia Saudita 149
ASAT (armas antissatélites) 214
ataques terroristas de 11 de setembro 16
Attlee, Clement 69
Austrália 101
Áustria 10, 18, 43, 87
avião espião U-2 116

B

Baía dos Porcos (1961) 124
Banco Mundial 20, 97
Bao Dai 72
bases militares
  Estados Unidos 17, 68, 127
Batista, Fulgencio 123
Bélgica 52, 153, 207
Berlim 10, 38, 51, 80, 109, 111, 114-119, 131, 140-142, 165, 171, 177-178, 210, 224, 226
  Muro de Berlim 224, 226
Berlim Ocidental 51, 116, 140, 177-178, 210
Bevin, Ernest 47, 51-52
Bidault, Georges 47

Birmânia 12, 17, 55, 69, 72
Black, Eugene 97
Bohlen, Charles 75, 99
bomba H 104
bombas de nêutron 207
Brandt, Willy 177-178
Brezhnev, Leonid 157, 166, 171, 174-176, 183, 188, 190, 192, 200
Brezinski, Zbigniew 190
Bulgária 37-38, 43, 86
Bundy, McGeorge 139
Bush, presidente George H.W. 223-225, 227
Byrnes, James F. 39

C

Camboja 203
Canadá 17, 22, 52, 137
Canal de Suez 97
Carter, presidente Jimmy 166, 187-188, 190-192, 194-196, 198, 207
Castro, Fidel 123-125, 132
Ceausescu, Nikolae 224
CEE (Comunidade Econômica Europeia) 153
Ceilão 69, 149
Chernayev, Anatoly 216, 224
Chernenko, Constantin 215
Chiang Kai-shek 60, 112
Chicago Tribune 20
China 7, 10, 12, 22, 56-57, 59, 60-61, 63-66, 71, 73-74, 77, 79, 96, 99, 111-113, 127, 137-140, 145, 148, 168, 170, 173, 185, 190, 195
  guerra civil 65, 67
  visita do presidente Nixon a 173

Churchill, Winston 10, 31, 33-35, 37-38, 41-43, 86, 87, 223
CIA (Agência Central de Inteligência) 103, 120, 124-126, 198
Cingapura 55
Cohen, Warren 75, 229
colonialismo 98, 110, 144
colônias 69
Cominform (Bureau de Informação Comunista) 50
Comunidade Europeia do Carvão e do Aço 153
comunismo
  disseminação no pós-guerra 44
  disseminação no Sudeste Asiático 12, 67-68, 70-72, 79, 98-101, 120, 136, 138, 140-141, 145, 181
  nos Estados Unidos 161
conferência de Bretton Woods (1944) 20
Conferência de Genebra 87
Conferência de Potsdam (1945) 41
Conferência de Teerã (1943) 33
Conferência de Yalta (1945) 35-37, 39, 61, 173
Congo 80, 119-120, 147, 151
Conselho de Ministros das Relações Exteriores 38, 42-43, 49
Conselho Mundial de Igrejas 210
Coreia 8, 54, 73-77, 79-81, 100-101, 104, 108, 140, 149, 151, 165
Coreia do Sul 74, 149

Crise de Suez (1956) 97
crise do estreito de Taiwan (1958) 108
crise do Oriente Médio (1973) 183
Crise dos mísseis cubanos (1962) 123, 125
Cuba 17, 80, 109-110, 123-130, 133, 165, 191
cúpula de Reykjavik (1986) 220

D

Dardanelos 46
Debayle, Anastásio Somoza 191
descolonização 56, 69, 144-145, 204
desemprego 154
détente 110, 136, 166-169, 171, 175, 177, 179, 181-182, 184-187, 189-190, 192-193, 195-197, 206, 218
Dinamarca 52
direitos humanos 180, 187, 190
Dobrynin, embaixador 188, 192
Doutrina Brezhnev 157, 223
doutrina Carter 195
doutrina da Destruição Mutuamente Assegurada (MAD) 133
Doutrina Eisenhower 98
Doutrina Reagan 203
Doutrina Truman 46-47
Dubcek, Alexander 158
Dulles, John Foster 85-86, 96-97, 101, 112, 116
Düsseldorf 10

E

economia
   propostas de Bretton Woods para 20
Eden, Anthony 99
Egito 89, 94-97, 150, 181-182
Eisenhower, presidente Dwight D. 82, 84-86, 89-90, 94, 96-98, 101, 103, 105-108, 112-117, 120, 123, 124, 160, 162
Equador 17
espionagem 200
Estados Unidos 7, 11-12, 14-15, 17-20, 22-24, 26, 29-32, 36-37, 39-40, 43-47, 49, 51-54, 56-57, 59-60, 63, 65-70, 72-73, 75, 77, 79, 81-84, 91, 93, 96-98, 100-101, 104-109, 112-113, 115-117, 120, 123, 125-130, 133-134, 136--145, 147-148, 155, 158-161, 164-165, 167-175, 177, 179, 181-193, 195-196, 198-200, 202-205, 207, 210, 213, 216, 218-220, 223-224
   aliança com o Paquistão 101
   campanhas antinucleares 210
   Conferência de Bretton Woods (1944) 20
   Doutrina Truman 46-47
   e a nova ordem mundial 17
   Iniciativa de Defesa Estratégica 199
   política de sanções 206
   reconhecimento diplomático atrasado da União Soviética 30

Etiópia 189
Eurásia 18, 19, 45
EURATOM (Comunidade de Energia Atômica Europeia) 153
Europa 7-8, 10-12, 15, 18, 23, 25, 29, 32-34, 36-39, 41-44, 47-48, 50-54, 56, 58, 62, 66, 68, 71, 77, 79-88, 90-92, 94, 99, 104, 106, 108, 119, 134, 136, 143, 151-159, 165, 168, 172, 177, 179, 190, 193-195, 202, 204-210, 219, 223-225
Europa Oriental 7, 23, 25, 33-34, 37-38, 41, 48, 50, 53-54, 86, 88, 155-158, 165, 177, 194, 219, 223-225
ExCom (Comitê Executivo do Conselho de Segurança Nacional) 126, 128, 131
Exército Vermelho 25, 27, 31, 37, 44, 88, 105

F

Filipinas 12, 55, 68, 72, 74, 101, 149
Finlândia 31, 43
FMI (Fundo Monetário Internacional) 20
Ford, presidente Gerald R. 166, 176, 181, 184-185, 196
França 11, 39, 43, 49, 52, 69, 71, 82, 97, 101, 134, 136-137, 153-154, 158, 177, 209

G

Gaddis, John Lewis 25, 190, 229
Gana 150

Garthoff, Raymond A. 174
gás natural 205
Gaulle, presidente Charles de 134-136, 140, 158
glasnot (abertura) 218
Golfo Pérsico 195
Gomulka, Wladyslaw 88
Gorbachev, Mikhail S. 204, 215-225, 227
Grã-Bretanha 11, 23-24, 32, 39, 45, 49, 52, 60, 71, 86, 93-95, 97, 101, 137, 177, 207, 210
Granada 202
Grécia 11, 45, 47, 140
Grew, Joseph 14
Groenlândia 17
Gromyko, Andrei 112, 115, 171
Guatemala 80, 103
Guerra da Coreia (1950-1953) 54, 74-75, 79, 81, 100, 104, 108
Guerra do Vietnã (1964-1975) 136-137, 142, 165, 169-170, 184, 210
Guzman, Jacobo Arbenz 103

H

Haig Jr., Alexander M. 198
Hamburgo 10, 210
Heinrichs, Waldo 31
Hershey, John 11
Hiroshima 11, 40, 104
Hiss, Alger 162
Hitler, Adolf 21-22, 29-31, 33
Hobsbawn, Eric 152
Ho Chi Minh 69-70, 72, 101-102, 145
Holanda 52, 69, 71, 137, 146, 153, 207

Hoover, presidente Herbert 30
Hopkins, Harry 23
Hull, Cordell 19
Hungria 10, 37, 43, 50, 86, 88, 158

I

ICBMs (mísseis balísticos intercontinentais) 105, 106, 133, 167, 172, 174, 186
ideologia 21, 26-27, 44, 99, 169, 173, 197
Igreja Católica 210
Ilhas Fiji 17
Império Britânico 55
Índia 69, 138, 148, 150
Índias Orientais 69-70
Índias Orientais Holandesas 55
Indochina 12, 54-55, 69-70, 72, 74, 80, 98, 100, 120, 137, 140, 145, 184
indonésia 69, 146
Inverchapel, Lorde 49
Irã 43, 80, 93-95, 103, 149, 191
Iraque 95, 98, 111, 149
IRBMs (Mísseis Balísticos de Alcance Intermediário) 126
Islândia 17, 220
Israel 96-97, 181-183
Itália 10, 18, 32, 43, 52, 137, 153-154, 158, 207
Iugoslávia 10, 46, 86-87

J

Jackson, senador Henry 186-187, 190-191
Japão 10-12, 18, 36, 40, 55, 57-61, 64, 66, 71, 75, 91, 99, 137, 145, 168
  ataque a Pearl Harbor 16, 21, 31-32
  estragos da guerra 12
  ocupação americana do 58
  recuperação econômica 58
Jaruzelski, general Wojciech 204
Jogos Olímpicos (1980) 195
Johnson, presidente Lyndon B. 137-141, 168

K

Kennan, George F. 42-43, 196
Kennedy, presidente John F. 110-111, 117-120, 124, 126, 128-131, 133-134, 136, 138-140, 160
  Baía dos Porcos 124
  crise dos mísseis cubanos 123, 125
Kennedy, Robert F. 130
Khomeini, aiatolá Ruhollal 191
Kim Il-sung 76
Kissinger, Henry A. 169, 173, 182, 185-186, 193
Kohl, chanceler Helmut 225
Kosygin, Alexsei 168, 171
Kruschev, Nikita S. 25, 87-88, 92, 105, 107, 110, 112-119, 123, 127, 129-130, 132-134, 157
  crise de Berlim 116-117
  crise do estreito de Taiwan 108
  crise dos mísseis cubanos 123, 125
  incidente do avião espião U-2 116
Kuznetsov, Vassily 131
Kuznick, Peter J. e Gilbert, James 161

L

Lane, Arthur Bliss 11
Laos 120, 140
Leffler, Melvyn 8, 85, 217
Leningrado 21
Lenin, Vladimir Ilyich 26
Líbano 80, 98, 111, 140
Libéria 17
Life revista 21
Lloyd, Selwyn 84
Lumumba, Patrice 119-120
Lundestad, Geir 53
Luxemburgo 52, 153

M

MacArthur, general Douglas 57, 77, 79
Macmillan, Harold 115, 155
Malaia 71-72, 98
Manchúria 12, 40, 42-43, 55-56, 62-63
Mao Zedong 60, 62, 111
   crise do estreito de Taiwan 108
Markusen, Ann 164
Marrocos 17
Marshall, George C. 47, 49, 64, 162
marxismo-leninismo 26, 197
Masaryk, Jan 50
McCarthy, Joseph 161-162
McNamara, Robert Strange 128, 138, 200
México 22, 40
MIRVs (veículos de reentrada múltipla independentemente direcionados) 172, 174
mísseis Cruise 195, 202, 207-208, 210
mísseis Júpiter 129-130
mísseis Pershing II 195, 202, 207-208, 210
Mobuto, Joseph 120
Mohammed Reza Pahlavi, xá do Irã 94
Molotov, V.M. 27, 37, 48
Mongólia Exterior 56, 62
Mossadeq, Mohammed 93-94, 103
movimento dos direitos civis 160
movimentos de independência 145-146
MPLA (Movimento pela Libertação Popular de Angola) 185, 189
MRBMs (mísseis balísticos de alcance médio) 126
MX (míssil experimental) 198

N

Nações Unidas 36, 132, 223
Nagasaki 11, 40, 104
Nagy, Imre 88
Napoleão, imperador 22
Nasser, Gamal Abdel 95-97, 150, 181
Nehru, Jawaharlal 150
Ngo Dinh Diem 101, 120
Nicarágua 151, 191, 203
Nitze, Paul 186-187, 210
Nixon, presidente Richard M. 124, 162, 166, 169-170, 172-176, 182-185, 193, 196
   conversações SALT 172
   e a crise do Oriente Médio 183
   Watergate 175, 183, 195

Nkrumah, Kwame 150
Noruega 52
Nova Esquerda 158
Nova Zelândia 17, 101

O

ordem mundial 12, 17, 19, 170, 192
Oriente Médio 42, 45, 66, 80, 91, 93-95, 97-99, 101, 112, 144, 181-182, 189, 205
OTAN (Organização do Tratado do Atlântico Norte) 52, 75, 82, 84, 86-87, 92, 108, 115, 130, 134, 136, 141, 190, 195, 202-204, 207, 210, 226-227

P

Pacto de Bagdá (1955) 95
Pacto de Bruxelas (1948) 52
Pacto de Varsóvia 86-88, 90, 157, 223-224
Panamá 17
Paquistão 69, 95, 101, 147-149
parques industriais de defesa (EUA) 164
partido Guomindang (Nacionalista) 60
Partido Tudeh 94
Paterson, Thomas G. 9
Pathet Lao 120, 123
Pearl Harbor (1941) 16, 21, 31-32
perestroika (reestruturação) 218
Peru 17
petróleo 45, 91, 93-94, 182-183, 195
Plano Marshall 47-50, 71, 152

Polônia 10, 23, 31, 34, 36-38, 43, 50, 86, 88, 177, 204-205, 224
corredor polonês 22
Solidariedade 204, 224
Portugal 52
pós-guerra 8, 10-11, 14-15, 21-22, 25, 33-34, 38, 40, 44, 47-48, 52-53, 56-58, 60, 67, 69, 75, 79, 145, 152, 155
Powers, Gary 117
Primavera de Praga (1968) 157
programa do bombardeiro B-1 198
propaganda 32, 117, 155, 220
psicologia social 161

R

racismo 92
Reagan, presidente Ronald 179, 187, 196-200, 202-206, 208-211, 213-215, 219-223
gasoduto trans-siberiano 205-206
Represa de Assuã 96
retirada de ajuda para a Grécia e a Turquia 47
Reynolds, David 155, 204
Rhee, Syngman 76
Romênia 37-38, 43, 86, 224
Roosevelt, presidente Franklin D. 17, 20, 30-37, 60-62, 173, 223
e Chiang Kai-shek 60, 112
Rupieper, Herman-Josef 153
Rusk, Dean 92, 129, 140
Rússia 7, 22-23, 30, 42, 48, 56, 63, 98, 199, 207

S

SAC (Comando Aéreo Estratégico dos Estados Unidos) 105
Sadat, Anwar al- 181
Sakharov, Andrei 187, 188
SALT 172-176, 186, 188, 190-192
sandinistas 191
satélites 48, 50, 225
satélites Sputnik 106
Schell, Jonathan 211
Schmidt, chanceler Helmut 206-207
Schultz, George P. 211
Scowcroft, Brent 227
SDI (Iniciativa de Defesa Estratégica dos Estados Unidos) 220
SEATO (Organização do Tratado do Sudeste Asiático) 101
segregacionismo 160
Segunda Guerra Mundial 9-10, 15, 18-19, 25, 54-56, 60, 68, 75, 80, 82, 90, 114, 136, 145, 155, 165, 179, 195-196, 225
   apoio americano para Chiang Kai-shek 60, 112
Senegal 17
Shevardnadze, Eduard 216-217, 225
Shirer, William 10
Sibéria 22, 205
Síria 103, 182
Solidariedade 204, 224
SS-20s 190, 195
Stalin, Joseph 23-27, 29-42, 48, 50-51, 56, 62-63, 66, 67, 72-73, 77, 83, 85, 88, 92, 156-157, 225, 229
   e o Plano Marshall 50
   Kruschev denuncia 88
   morte de 85
   opinião do presidente Truman sobre 40
START (limitações de armas estratégicas) 214
Stevenson, Adlai 162
Stimson, Henry 40
submarinos Trident 198
Sudeste Asiático 12, 67-68, 70-72, 79, 98-101, 120, 136, 138, 140-141, 145, 181
Sukarno 69, 104, 145-146, 150

T

Tailândia 72, 101, 148-149
Taiwan 65, 74, 80, 108-109, 111-114, 116, 131, 142, 165
Tchecoslováquia 43, 50, 86, 95, 157, 158, 168
Terceiro Mundo 44, 55, 81, 87, 90-93, 101, 103, 112, 119, 143-147, 149, 151, 159, 167, 170, 176, 180-181, 185-186, 190, 192, 203
Thatcher, Margaret 206
Tito, Joseph Broz 86
Tóquio 11, 59, 71
Tratado INF (Forças Nucleares Intermediárias) 221
Tratado Sino-Soviético (1949) 67
Tratado Sino-Soviético de Amizade e Assistência Mútua (1945) 63

Truman, presidente Harry S. 16-17, 20, 37, 39-42, 45-48, 51-52, 58-59, 64-65, 68-69, 72, 74, 76-77, 82-83, 85, 93, 99, 145-146, 165, 186, 197
Turquia 43, 45, 47, 95, 129-130, 140, 149

U

Ulbricht, Walter 119
União Soviética 10, 14-15, 21-23, 25, 29-34, 36-37, 39, 44-45, 47, 49-50, 54, 56, 60, 65-68, 70, 73-74, 77, 81, 86, 88-89, 92, 94, 97, 99, 103-106, 110, 119-120, 123-124, 126-127, 129, 133-134, 136, 138, 142, 144, 145, 148, 156-159, 162, 167-174, 177, 179-183, 185-187, 192, 195-198, 200, 202-203, 205-206, 214, 216-217, 221, 223, 227

V

Valenti, Jack 139
Vance, Cyrus 188
Varsóvia 11, 38, 88, 204
Viena 10, 117-118, 172, 190, 210
Vietnã 8, 70, 73, 100-102, 111, 120, 136-142, 151, 159, 168, 170, 172, 184-185, 195, 198, 204

W

Watergate 175, 183, 195
Westad, Odd Arne 189, 229
Whitfield, Stephen J. 160
Wilhelm, Kaiser 22
Wilson, Harold 223

Y

Yoshida, Shigeru 59

Z

Zhdanov, Andrei 50
Zhou Enlai 173

LISTA DE ILUSTRAÇÕES

1. Churchill, Roosevelt e Stalin no Palácio Livadia, Yalta, fevereiro de 1945 / US National Archives and Records Administration / 35
2. Churchill, Truman e Stalin durante a Conferência Potsdam, Alemanha, julho de 1945 / US National Archives and Records Administration / 41
3. Mao Zedong, presidente do Partido Comunista Chinês / © Corbis / 62
4. Húngaros protestam contra a União Soviética, novembro de 1956 / © Hulton Deutsch Collection/Corbis / 89
5. Ho Chi Minh, presidente da República Democrática do Vietnã / © Bettmann/Corbis / 102
6. Kruschev e Kennedy na cúpula de Viena, junho de 1961 / US National Archives and Records Administration / 118
7. Local de Mísseis Balísticos de Alcance Médio em San Cristobal, Cuba, outubro de 1962 / © United States Department of Defense / John Fitzgerald Kennedy / Library, Boston / 125
8. Fidel Castro e Kruschev se abraçam nas Nações Unidas, setembro de 1960 / © Corbis / 132
9. O líder político francês Charles de Gaulle / Photos12.com/Bertelsmann Lexicon Verlag / 135
10. Encontro de Brezhnev e Nixon durante a visita de Brezhnev aos EUA, junho de 1973 / US National Archives and Records Administration / 175
11. O chanceler da Alemanha Ocidental Willy Brandt / © Dieter Hospe/Corbis / 178

12. Rebeldes afegãos mujaheddin com armas soviéticas capturadas, perto de Matun, 1979 / © Setboun/Sipa/Rex Features / 201
13. Passeata antinuclear em Bruxelas, outubro de 1981 / © Henry Ray Abrams/Corbis / 209
14. Passeata antinuclear em Nova York, junho de 1982 / © Bettmann/Corbis / 212
15. Reagan e Gorbachev na Praça Vermelha durante a cúpula de Moscou, maio de 1988 / US National Archives and Records Administration / 222
16. O Muro de Berlim vem abaixo, novembro de 1989 / © Raymond Depardon/Magnum Photos / 226

O editor e o autor pedem desculpas por quaisquer erros ou omissões na lista. Se informados, terão prazer em retificar essas falhas na primeira oportunidade.

Lista de Mapas

I. A Europa Central depois da Segunda Guerra Mundial / De Robert Schulzinger, *American Diplomacy in the Twentieth Century* (Oxford University Press, 1994) / 13

II. A Guerra da Coreia, 1950-1953 / De Robert Schulzinger, *American Diplomacy in the Twentieth Century* (Oxford University Press, 1994) / 78

III. O Oriente Médio em 1956 / De Ronald E. Powaski, *The Cold War: The United States and the Soviet Union, 1917-1991* (Oxford University Press, 1998) / 96

IV. A África em 1945 / De Paterson *et al.*, *American Foreign Relations*, 5. ed., © 2000 Houghton Mifflin Company, usado com permissão / 121

V. A África em 2000 / De Paterson *et al.*, *American Foreign Relations*, 5. ed., © 2000 Houghton Mifflin Company, usado com permissão / 122

lepmeditores

www.lpm.com.br
o site que conta tudo

Impresso na Gráfica BMF
2023